Jerry Storms

AF543796

102 Musikspiele für Unterricht, Pause und Freizeit

Für Kinder und Jugendliche im Alter von 4–16 Jahren

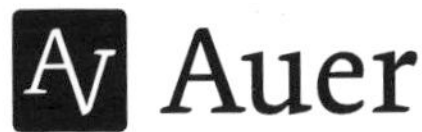
Auer

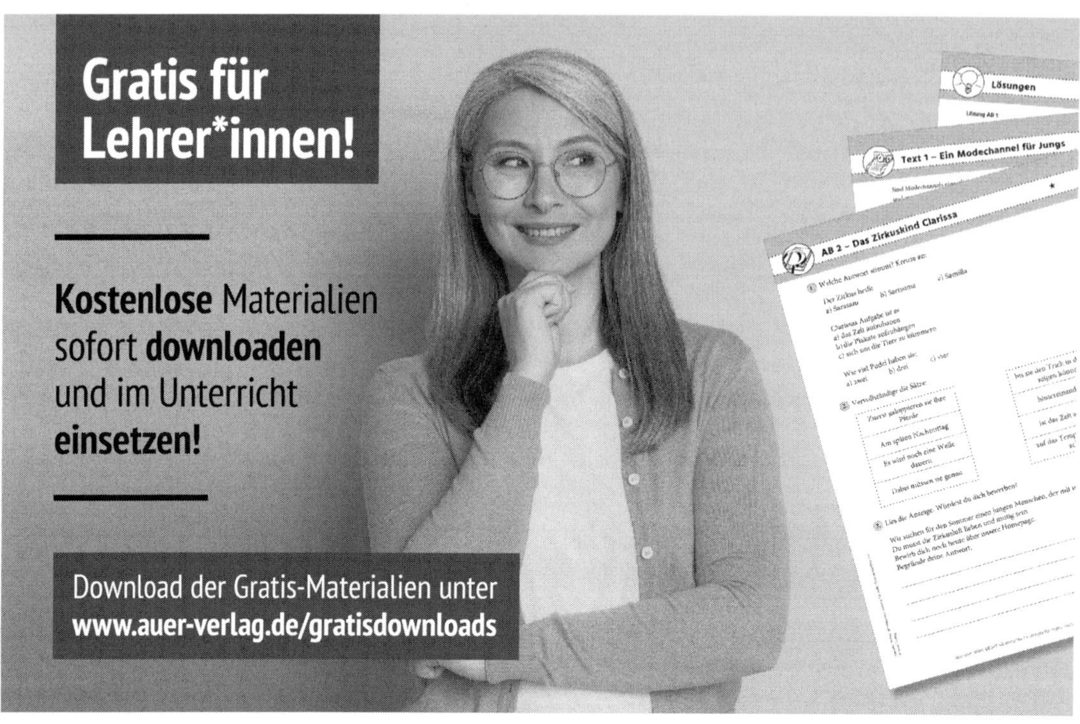

In diesem Werk sind nach dem MarkenG geschützte Marken und sonstige Kennzeichen für eine bessere Lesbarkeit nicht besonders kenntlich gemacht. Es kann also aus dem Fehlen eines entsprechenden Hinweises nicht geschlossen werden, dass es sich um einen freien Warennamen handelt.

9. Auflage 2025
© 2007 Auer Verlag, Augsburg
AAP Lehrerwelt GmbH
Originaltitel: Muzikaal Spelenboek. © Panta Rhei, Katwijk
Alle Rechte vorbehalten.

Das Werk als Ganzes sowie in seinen Teilen unterliegt dem deutschen Urheberrecht. Der*die Erwerber*in der Einzellizenz ist berechtigt, das Werk als Ganzes oder in seinen Teilen für den eigenen Gebrauch und den Einsatz im eigenen Präsenz- oder Distanzunterricht zu nutzen.

Produkte, die aufgrund ihres Bestimmungszweckes zur Vervielfältigung und Weitergabe zu Unterrichtszwecken gedacht sind (insbesondere Kopiervorlagen und Arbeitsblätter), dürfen zu Unterrichtszwecken vervielfältigt und weitergegeben werden. Die Nutzung ist nur für den genannten Zweck gestattet, nicht jedoch für einen schulweiten Einsatz und Gebrauch, für die Weiterleitung an Dritte einschließlich weiterer Lehrkräfte, für die Veröffentlichung im Internet oder in (Schul-)Intranets oder einen weiteren kommerziellen Gebrauch. Mit dem Kauf einer Schullizenz ist die Schule berechtigt, die Inhalte durch alle Lehrkräfte des Kollegiums der erwerbenden Schule sowie durch die Schüler*innen der Schule und deren Eltern zu nutzen. Nicht erlaubt ist die Weiterleitung der Inhalte an Lehrkräfte, Schüler*innen, Eltern, andere Personen, soziale Netzwerke, Downloaddienste oder Ähnliches außerhalb der eigenen Schule. Eine über den genannten Zweck hinausgehende Nutzung bedarf in jedem Fall der vorherigen schriftlichen Zustimmung des Verlags.

Sind Internetadressen in diesem Werk angegeben, wurden diese vom Verlag sorgfältig geprüft. Da wir auf die externen Seiten weder inhaltliche noch gestalterische Einflussmöglichkeiten haben, können wir nicht garantieren, dass die Inhalte zu einem späteren Zeitpunkt noch dieselben sind wie zum Zeitpunkt der Drucklegung. Der Auer Verlag übernimmt deshalb keine Gewähr für die Aktualität und den Inhalt dieser Internetseiten oder solcher, die mit ihnen verlinkt sind, und schließt jegliche Haftung aus.

Autor*innen: Jerry Storms
Illustrationen: Julia Flasche
Satz: tebitron gmbh, Gerlingen
Druck und Bindung: PMLS GmbH&Co. KG, Kassel
ISBN 978-3-403-**04397**-3

www.auer-verlag.de

Inhaltsverzeichnis

Verzeichnis der Spiele

		Kinder bis 7 Jahre	Kinder zwischen 8 und 12 Jahren	Jugendliche ab 13 Jahren
Hör-Spiele				
1	Instrumentensuche	●		
2	Welches Instrument fehlt hier?	●	●	●
3	Imitationsspiel	●		
4	Namensrhythmus		●	
5	Stilles Platzwechseln	●	●	●
6	Wie viele stehen hinter mir?	●	●	
7	Wer erkennt das Lied?		●	
8	Wo bin ich?	●	●	●
9	Musikalisches Gespräch			●
10	Wer singt am lautesten?	●		
11	Fehler raten		●	
12	Nachtwache	●	●	
13	Geräusche einprägen	●	●	●
14	Spielen oder nicht spielen?	●		
15	Einfrieren	●	●	●
16	Musikalischer Staffellauf	●	●	

Konzentrationsspiele				
17	Rhythmusgefühl	●		
18	Klatschspiel		●	
19	Das klingende Viereck	●	●	●
20	Unisono		●	●
21	Ich ruf dich an		●	
22	Lachen verboten	●	●	
23	Rhythmisches Kettenspiel		●	
24	Spiegelbild	●	●	●
25	Das menschliche Xylophon			●
26	Liedfragmente ordnen		●	●
27	Wir erzählen Klanggeschichten		●	●

	Kinder bis 7 Jahre	Kinder zwischen 8 und 12 Jahren	Jugendliche ab 13 Jahren
Ratespiele			
28 Hörquiz		●	●
29 Aktionsquiz		●	
30 Wissensquiz			●
31 Länderquiz		●	●

Spiele zum Kennenlernen			
32 Störsender		●	●
33 Schnelle Instrumente		●	●
34 Lied gesucht!	●	●	●
35 Instrumentenjagd		●	●
36 Katzenjammer	●		
37 Mein Instrument – dein Instrument		●	
38 Hutspiel	●	●	●
39 Instrumente-Fangen		●	
40 „Ich sitze im Gras und ich höre …"	●	●	●
41 Instrumententausch		●	
42 Schlüsseltanz	●	●	
43 Musikalisches Fangspiel	●	●	
44 Lebendes Quartett	●	●	●
45 Instrumentenquartett	●		
46 Rhythmusquartett			●

Interaktionsspiele			
47 Lebendiger Spiegel	●	●	●
48 Formen bilden	●		
49 Lebendes Bild	●		
50 Lenken und folgen	●	●	
51 In welche Richtung soll ich gehen?	●	●	●
52 Überzeugungsspiel	●	●	
53 Instrumenten-Marionetten	●		
54 Lieder beenden	●		

	Kinder bis 7 Jahre	Kinder zwischen 8 und 12 Jahren	Jugendliche ab 13 Jahren
55 Aufgepasst!	●		
56 Geräuschdialog		●	●
57 Wir erfinden eine Geschichte	●	●	
58 Reim mich oder ich fress dich		●	
59 Musikalische Marionetten	●	●	

Vertrauensspiele			
60 Heiß und kalt	●	●	●
61 Spaziergang mit Hindernissen	●	●	●
62 Labyrinth		●	●
63 Welches Geräusch höre ich gerade?	●	●	●
64 Rattenfänger		●	
65 Lass dich leiten		●	
66 Wir kriegen Besuch	●	●	●
67 Der tanzende Derwisch			●
68 Darf ich bitten?	●	●	●
69 Hindernisparcours		●	●
70 Wer ist das?	●		
71 Komm näher		●	
72 Menschliche Instrumente			●

Ausdrucks- und Improvisationsspiele			
73 Gefühle raten			●
74 Lieder improvisieren		●	
75 Sprichwörter darstellen		●	●
76 Fantasieinstrumente	●	●	●
77 Lautstärke steigern	●	●	●
78 Musikalisches Pfänderspiel	●	●	●
79 Lieder darstellen	●	●	●
80 Klang und Gefühl		●	●
81 Kauderwelsch	●	●	●
82 Bildende Kunst	●		

	Kinder bis 7 Jahre	Kinder zwischen 8 und 12 Jahren	Jugendliche ab 13 Jahren
83 Geräusch-Maschine	●	●	●
84 Musikalisches Porträt			●
85 Lieder vorführen	●	●	
86 Bitte weitersagen	●	●	●
87 Bewegter Kanon		●	
88 Auf dem Fußballplatz		●	

Such- und Ratespiele			
89 Was ist das für ein Geräusch?	●	●	
90 Was bin ich?	●	●	
91 Welches Lied ist das?	●		
92 Versteckte Instrumente		●	
93 Telefonspiel		●	
94 Sprichwörter raten	●	●	●
95 Glücksgriff	●	●	
96 Zeichne dein Lied		●	
97 Musikalische Geheimsprache		●	
98 Buchstabenspiel	●	●	●

Musikalische Brettspiele			
99 Lebendes Brettspiel	●	●	●
100 Schul-Brettspiel		●	
101 Musikalische Schnitzeljagd	●	●	●
102 Brettspiel „Wer gewinnt?“	●	●	●

Erläuterung der Piktogramme

Um für jede Gelegenheit und jedes Alter schnell das richtige Spiel zu finden, geben bei allen Spielen Piktogramme Alter, Zeitdauer, Gruppengröße und benötigte Materialien an. Diese Angaben sind dabei als Richtlinien zu betrachten und können individuell an jede Gruppe angepasst werden.

Alter

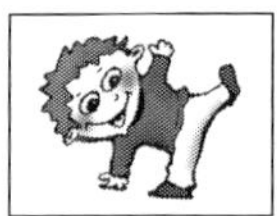

Kinder bis 7 Jahre

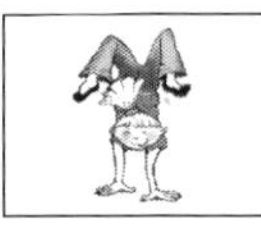

Kinder zwischen 8 und 12 Jahren

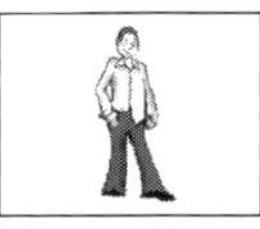

Jugendliche ab 13 Jahren

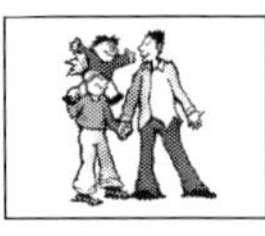

alle Altersgruppen

Zeitdauer

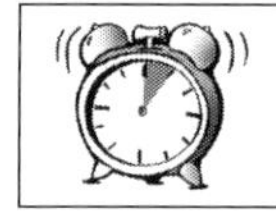

5–10 Minuten

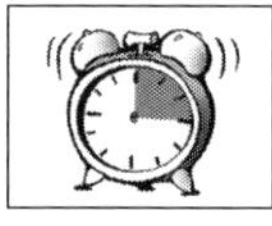

bis zu 15 Minuten

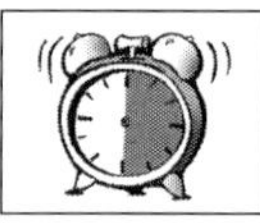

30 Minuten und mehr

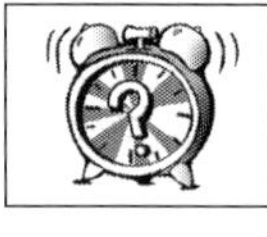

variabel, abhängig von der Gruppengröße

Gruppengröße

kleine Gruppen mit bis zu 10 Mitspielern

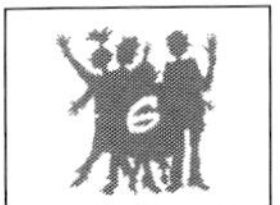

bestimmte vorgegebene Anzahl an Mitspielern, in diesem Fall sechs

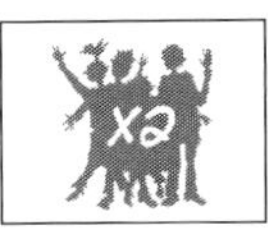

bestimmte vorgegebene Gruppengrößen, in diesem Fall Zweiergruppen

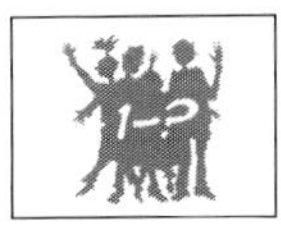

variabel

Instrumente und Requisiten

Einige der Spiele benötigen im Ablauf (teils vorgegebene) Instrumente, andere lassen sich auch nur mit dem Einsatz der Stimme spielen.
Ebenso gibt es einige Spiele, die nicht ohne Requisiten auskommen.
Darunter fallen z. B. Augenbinden, ein CD-Spieler usw.

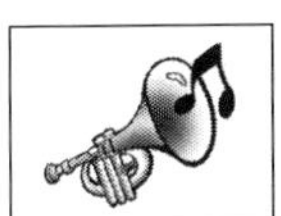

Instrumente

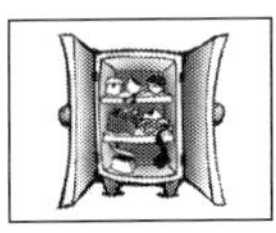

Requisiten

Vorwort

Musikalische Grundlagen zugleich spielerisch und erzieherisch zu vermitteln, gestaltet sich oft schwierig. In diesem Buch sind 102 Spiele gesammelt, die sich genau darum bemühen. Allerdings steht der spielerische Aspekt deutlich im Vordergrund. Viele der Spiele lassen sich darum gleichzeitig als Grundlage für variable, eigene Spielvarianten nutzen, die in der Familie, im Freundeskreis und in der Schule auflockernd oder methodisch eingesetzt werden können.

Die Idee, Musik als Grundlage für Spiele zu nutzen, ist nicht neu. Seit Jahrhunderten bedienen sich selbst große Komponisten des spielerischen Elementes. Von Wolfgang Amadeus Mozart ist bekannt, dass er mithilfe von Würfeln Musikstücke komponierte, an die er seine Inspiration nicht vergeuden wollte. Noch offensichtlicher verwendete der amerikanische Komponist John Cage das chinesische Orakelspiel I Ching, um den aleatorischen Charakter seiner Kompositionen zu betonen.

Um Musik als etwas Spielerisches betrachten zu können, muss man aber kein Mozart oder John Cage sein. Das spielerische, kreative Potential musikalischer Ausdrucksmöglichkeiten ist allgemein verständlich und nutzbar. Genau dessen bedienen sich zum Beispiel Eltern, die ihre Kinder in den Schlaf singen oder sie mit erfundenen, albernen Liedern zum Lachen bringen und damit gleichzeitig die Bindung zu ihren Kindern festigen.

Über lange Zeit hat Musik eine große Rolle in Erziehung und Pädagogik gespielt, angefangen beim schulischen Musikunterricht oder dem obligatorischen Erlernen eines Instrumentes. Heute kommt beides leider oftmals zu kurz.

Die hier vorgestellten Spiele können und wollen weder Musikunterricht noch -erziehung ersetzen, eignen sich aber dennoch sehr gut zur Vorbereitung für die musikalische Erziehung. Sie fördern die grundlegende Beziehung zu Musik und forcieren nicht zuletzt die Entwicklung der persönlichen, kreativen und sozialen Persönlichkeit. Durch ihre spielerischen Experimente tragen sie darüber hinaus zu einer aufgeschlossenen und unverkrampften Annäherung an alle Arten von Musik bei.

Zu denen, die in der modernen Musikpädogik auf diese Aspekte hingewiesen und die Klang- und Musikspiele als Methode weiterentwickelt haben, gehören unter anderen Murray Schafer, Brian Dennis, John Paynter und der niederländische Pädagoge Ad Heerkens, der sich der Musik und ihrer Elemente spielerisch bedient, um die Kreativität von Kindern und Erwachsenen anzuregen. Heerkens hat damit enorm zum Verständnis für die vielfältigen Möglichkeiten musikalischen Ausdrucks beigetragen.
Diese innovative Methode weiter auszubauen und zu etablieren, ist vor allem als Reaktion auf die große positive Zustimmung, die Heerkens dafür erhalten hat, zu verstehen. Sämtliche Spiele sind in schulischen Praxissituationen und innerhalb aller Altersstufen erprobt und nach sorgfältiger Auswertung bearbeitet und verbessert worden. Als Ergebnis dieser Arbeit ist dieses Buch entstanden.

Jerry Storms

Einleitung

Die Faszination des Spiels

Wenn vom gefühlvollen Spiel des Pianisten einerseits und vom Tischtennis-Spiel andererseits die Rede ist, sind gänzlich unterschiedliche Arten des Spielens gemeint. Der zweiten Kategorie gehören auch die Spiele in diesem Buch an, denn der Schwerpunkt liegt auf der Aktivität, nicht auf der Darstellung oder dem Ausdruck. Auch, wenn für alle Spiele bestimmte Spielregeln gelten, sind ihr Verlauf und ihr Inhalt doch abhängig von den Eigenschaften und Fähigkeiten der einzelnen Spieler.

Jeder Mitspieler erlebt während des Spielens neben der konsequenten Einhaltung eines bestimmten formalen Rahmens einen sich individuell vollziehenden inneren Prozess. Dieser Aspekt sollte vom Spielleiter als der wesentliche betrachtet werden, weil nur er die persönliche und soziale Entwicklung der Spieler ernsthaft beeinflusst. Zum inneren Prozess gehören folgende Erfahrungen:

- Spiele helfen dabei, den Alltag zu vergessen. Während der Konzentration auf das Spiel verschwinden kleine und große alltägliche Sorgen und die Realität wird kurzzeitig ausgeblendet.
- Spiele fordern Hingabe. Die Faszination am Spiel kann vereinnahmen und sogar süchtig machen. Im Spiel kann man vollkommen aufgehen und sich mitreißen lassen.
- Spiele erfordern zugleich Denken, Fühlen und Handeln. Im Alltag sind wir selten aufgefordert, gleichzeitig zu denken, zu fühlen und zu handeln. Das Denken wird in der Arbeits- und Lernsituation gefordert, wohingegen die meisten alltäglichen Abläufe in ihrem Automatismus weder unseren Intellekt noch unser Gefühl beanspruchen. Das Gefühl wird vornehmlich während passiver Tätigkeiten – wie dem Fernsehen oder Musikhören – angesprochen. Das Spiel aber fordert die Beteiligung und Koordination von Fühlen, Denken und Handeln gleichzeitig. Dies macht seine große Anziehungskraft aus.

Jedes der Spiele soll vorrangig Spaß machen und anregen. Dass sie sich nebenbei gut als pädagogisches Material nutzen lassen, sollte dabei nicht im Vordergrund stehen. Aber tatsächlich verfolgen die Spiele bestimmte Zielsetzungen, die insbesondere von der funktionierenden Gruppendynamik und einer kurzen Vorbereitung abhängig sind.

Die Beziehung von Musikspielen und Musikerziehung

Durch Klang- und Musikspiele können Kinder, Jugendliche und auch Erwachsene Gefallen an musikalischen Grundkenntnissen finden und sich somit Musik unbefangen nähern.

- Durch den spielerischen Umgang mit Musik und Klängen werden die Spieler mit musikalischen Grundlagen und Materialien vertraut. Die Spiele vermitteln ein Gefühl für hohe und tiefe Noten, laute und leise Klänge, schnelle und langsame Tempi usw.
- Kinder, die häufig Musikspiele spielen, werden mit den musikalischen Elementen vertraut und festigen unmittelbar und vorurteilsfrei ihr musikalisches Selbstvertrauen.
- Die Spieler haben die Möglichkeit, verschiedene Instrumente auszuprobieren und mit den musikalischen Ausdrucksmöglichkeiten zu experimentieren. Viele entdecken dabei ihre Liebe zur Musik oder einem bestimmten Instrument.
- Musikspiele helfen dabei, Ängste und Vorurteile gegenüber der eigenen Musikalität zu überwinden und erleichtern das Erlernen eines Instrumentes. Es ist nicht richtig, dass man unmusikalisch ist, nur weil man kein Instrument spielen kann.

Der Spielleiter kann diesen Prozess unterstützen, indem er das Spiel unverkrampft präsentiert, sodass eine angenehme, ungezwungene Atmosphäre entsteht. Dadurch wird es den Spielern leichter, sie selbst zu sein und aus sich herauszukommen. Wenn die Gruppe Spaß an den Spielen und genügend Vertrauen in die eigenen Fähigkeiten gefunden hat, kann auf den Musikspielen methodisch auch musikalische Bildung aufgebaut werden.

Schwerpunkt soziale Kompetenz

Neben dem Tanz gehört die Musik zu den geselligsten unter den Künsten. Sämtliche hier vorgestellten Spiele fördern die Kommunikationsfähigkeit und Kreativität der Spieler und tragen zur Festigung folgender grundlegender Kompetenzen bei:

- genaues, aufmerksames Zuhören,
- gesteigerte Konzentrationsfähigkeit,
- kreativer Selbstausdruck innerhalb einer Gruppe,
- soziales Verhalten, das vom Umfeld akzeptiert wird.

Zielgruppen

Dieses Buch richtet sich an Eltern, die Partys, die Ferienzeit oder Familienfeste gestalten möchten, an Musiklehrer und Pädagogen jeder Schulform, an Vorschulen und Kindergärten, an Kindertagesstätten, Kirchengruppen und an jeden, der Kindern in seinem Beruf oder seiner Familie Abwechslung bieten will.
Die Spiele unterscheiden nicht zwischen musikalisch begabten und unbegabten Spielern und setzen nicht voraus, ein Instrument spielen zu können. Auch vom Spielleiter werden keine musikalischen Fertigkeiten oder Übungseinheiten verlangt. Es ist vollkommen ausreichend, die eigene Lieblingsmelodie wieder zu erkennen, eine Melodie summen zu können oder einfach nur gerne Radio zu hören. Was man als Spielleiter aber mitbringen sollte, ist die Fähigkeit zur Begeisterung und zur Bestärkung, Flexibilität, ein wenig Erfahrung im Umgang mit Gruppen jeden Alters und jeder Größe und die Offenheit, sich mit den Spielern am Verlauf und den Resultaten der Spiele freuen zu können.

Die verschiedenen Spielkategorien mit ihren jeweiligen Zielsetzungen

Die Spiele dienen als Mittel zur Förderung und Festigung individueller, sozialer und kreativer Fähigkeiten und sind demzufolge in diese drei Kategorien unterteilt: Spiele, die die Entwicklung persönlicher Fähigkeiten fördern, Spiele, die die sozialen Kompetenzen erweitern und Spiele, die die kreativen Fähigkeiten fördern.
Um die Suche nach dem passenden Spiel zu erleichtern, sind jedem Spiel Piktogramme vorangestellt, die auf das empfohlene Alter, die ungefähre Zeitdauer, die erforderliche Gruppengröße und das eventuell benötigte Zubehör verweisen. Viele der Spiele lassen sich sowohl drinnen als auch draußen spielen.
Jede Kategorie ist nochmals in drei Unterkategorien unterteilt, sodass insgesamt neun Spielkategorien in diesem Buch versammelt sind:

I) *Spiele, die zur Entwicklung persönlicher Fähigkeiten beitragen*, richten sich individuell an die Spieler und beinhalten als Unterkategorien:

- Hör-Spiele,
- Konzentrationsspiele,
- Ratespiele.

Jeder Lernprozess beinhaltet als Voraussetzung, zuhören und sich konzentrieren zu können. Diese Fähigkeiten werden zwar im Unterricht enorm beansprucht, verlieren gesellschaftlich aber immer mehr an Relevanz. Innerhalb des permanent steigenden Geräuschpegels der Umwelt wird gezieltes Zuhören immer schwieriger. Gleichzeitig müssen aber immer mehr und neue Eindrücke verarbeitet werden, was die Konzentration in höchstem Maße fordert.
Die Spiele dieser Kategorie sollen daher die Fähigkeit schulen, gezielt und selektiv zuzuhören und sich trotz Ablenkung konzentrieren zu können. Die Ratespiele zielen zudem darauf, das Gedächtnis zu trainieren und sich längere Zeit mit einem Thema beschäftigen zu können.

II) *Spiele, die die sozialen Kompetenzen erweitern*, sollen vor allem dabei helfen, Gruppenzusammengehörigkeit und Kommunikationsfähigkeit zu begünstigen und zu stärken. Als Resultat haben sie einen positiven Einfluss auf die Aufnahme Einzelner in eine bestehende Gruppe. Die einzelnen Unterkategorien dieser Spiele sind:

- Spiele zum Kennenlernen,
- Interaktionsspiele,
- Vertrauensspiele.

Unabhängig von den individuellen Zielen des Spielleiters können diese Spiele allgemein zu einem vertrauten Verhältnis zwischen den einzelnen Gruppenmitgliedern und zur Stärkung Einzelner innerhalb der Gruppe beitragen, sie können den Spielern Grundvertrauen für bevorstehende schwierige Situationen geben und das Selbstvertrauen der Einzelnen in sich selbst und in die anderen stärken. Gleichzeitig vermitteln sie ein Gefühl dafür, auf andere Rücksicht zu nehmen und sich für sie einzusetzen.
Durch die gezielte Auswahl dieser Spiele wird einer neuen Klasse oder Gruppe die unverkrampfte Situation geboten, schnell aufeinander eingehen und miteinander arbeiten zu können. Auch für Gruppen oder Familien, die einander gut kennen, bisher aber kaum oder gar nicht miteinander gespielt haben, eignen sich diese Spiele bestens.

III) *Spiele, die die kreativen Fähigkeiten fördern*, helfen dem Einzelnen insbesondere dabei, Selbstvertrauen in die eigenen Stärken zu gewinnen. Die drei Unterkategorien dieser Spiele umfassen:

- Ausdrucks- und Improvisationsspiele,
- Such- und Ratespiele,
- Musikalische Brettspiele.

Diese Spiele können und sollen dazu beitragen, die individuellen kreativen Fähigkeiten jedes Einzelnen herauszufinden und zu fördern. Dies gilt gerade auch für schulischen Unterricht, in dem kognitiven Fähigkeiten oft mehr Aufmerksamkeit geschenkt wird.
Die Funktion dieser Spiele geht aber noch weit darüber hinaus: Nur, wenn Fantasie und Kreativität geschult sind, kann damit in verschiedenen Lebens- und Arbeitssituationen ein positiver Beitrag geleistet werden. Gerade in der heutigen Gesellschaft, in der Flexibilität, Improvisations- und Erfindungsgeschick in vielerlei Hinsicht verlangt werden, spielt dies eine nicht zu unterschätzende Rolle. Wer frühzeitig gelernt hat, kreativ zu denken und zu handeln, kann mit Veränderungen mithalten und sich als produktives Mitglied der Gesellschaft fühlen.
Einleitend geht jeder der Spielkategorien eine kurze Beschreibung der jeweiligen Ziele und Eigenschaften voran. Während des Spielens werden Ihnen und den Spielern immer mehr und immer bessere Variationen einfallen. Zögern Sie nicht, die Spiele zu ändern, zu verkürzen oder zu verlängern, wenn dies den Ansprüchen und Wünschen der Gruppe entgegenkommt.
Gleichzeitig werden Sie feststellen, dass jede Kategorisierung der Spiele als subjektiv zu betrachten ist. Viele der Spiele ließen sich sowohl wegen ihrer Struktur als auch wegen ihrer Methodik problemlos mehreren Kategorien zuordnen, denn sie können durchaus verschiedene Zielsetzungen beinhalten und verfolgen, je nach dem Standpunkt, von dem aus das Spiel betrachtet wird und dem Aspekt, der dem Spielleiter besonders wichtig erscheint.

Ratschläge für den Spielleiter

Der Funktion des Spielleiters kommen neben der Erklärung und Erläuterung des Spielablaufs vielfältige Aufgaben zu. Er ist Organisator, muss beobachten, unterstützen und beurteilen.
Zur Organisation gehören das Bereitstellen der benötigten Materialien und Instrumente sowie des Raumes oder Geländes. Müssten sich die Spieler um dies alles selbst kümmern, hätten sie schnell keinen Spaß mehr am Spiel. Zur Vorbereitung gehört auch, dass der Spielleiter sich gründlich mit den Spielregeln vertraut macht, sie verstehen und weitergeben kann, sodass er im Zweifelsfall die Rolle des Schiedsrichters übernehmen kann. Je besser er auf jede mögliche Situation vorbereitet ist, desto reibungsloser wird das Spiel verlaufen.
Der Spielleiter sollte die Spieler mit seinem Enthusiasmus anstecken und den Spielern vermitteln, dass das Spiel genau ihren Bedürfnissen entspricht. Dabei

sollte er vom Wert und Erfolg der Spiele überzeugt sein und dies durch eine positive Einstellung auf die Gruppe übertragen, um sie zu begeistern und anzuregen. In der oftmals schwierigen Anfangssituation sollte er den Spielen den richtigen Schwung verleihen, wenn ein Spiel nicht von alleine läuft.
Nach Beginn der Spiele sollte der Spielleiter den Spielverlauf diskret, aber sorgsam überwachen und dabei auf jede unerwartete Situation vorbereitet sein. Nur so kann er zum Beispiel als Schiedsrichter eingreifen, die Mitspieler an die Regeln oder an den verantwortungsvollen Umgang mit Instrumenten und Zubehör erinnern.
Des Weiteren ist er für die Zusammensetzungen der Gruppen unter folgenden Gesichtspunkten verantwortlich: Sollten immer dieselben Mitspieler eine Gruppe bilden oder ist es sinnvoller, zu wechseln? Sind bei Wettbewerbssituationen die einzelnen Gruppen mit ihrer Anzahl an Mitspielern und deren Können ausgeglichen?
Während des Spielverlaufs sollte der Spielleiter das Verhalten und die Reaktionen der Spieler beobachten, um im Anschluss ein Feedback geben zu können.
Regelmäßig taucht auch die Frage auf, ob der Spielleiter aktiv an den Spielen teilnehmen sollte oder lieber nicht. Der Vorteil des Mitspielens liegt darin, dass die Gruppe ihn so als gleichgestellt wahrnehmen kann, was zur Vertiefung der Beziehung beiträgt. Andererseits gerät er so aber auch schneller in Gefahr, den Überblick über den Spielverlauf zu verlieren und dadurch möglicherweise nicht mehr als Schiedsrichter fungieren zu können. Bei Gruppen unter zehn Mitspielern stellt dies in der Regel kein Problem dar, da dort die Übersicht nicht so leicht verloren gehen kann. Entscheidet er also mitzuspielen, so besser bei Spielen mit kleineren Gruppen.

Welches Spiel passt zu welcher Gruppe?

Der Spielleiter trägt insbesondere die Verantwortung für die Auswahl des passenden Spiels. Er muss dabei Alter, die individuellen Fähigkeiten, die Fähigkeit zur Konzentration und Aufmerksamkeit der einzelnen Spieler berücksichtigen und überblicken, ob ein Raum oder Gelände und das erforderliche Zubehör vorhanden sind.
Im Vordergrund sollte die Überlegung stehen, welche Fähigkeiten innerhalb der Gruppe erweitert werden sollen – die individuellen, sozialen oder kreativen –, sodass auf die entsprechende Kategorie zurückgegriffen werden kann.
Für die Wahl des Spiels sollte beachtet werden, dass es zum einen Spiele mit

einem formalen Rahmen und feststehenden Regeln gibt und solche, deren Ablauf flexibel und somit individueller gestaltet werden kann. Als Richtlinie lässt sich hierbei festhalten: Je weiter entwickelt die Spieler sind, desto freier kann aus den Spielen gewählt werden.
Vor Beginn der Spiele sollten noch einmal die benötigten Utensilien kontrolliert und auf ihre Vollständigkeit überprüft werden. Wer dies umgehen möchte, kann solche Spiele auswählen, die ohne Material auskommen. Wer aber öfter mit den Musik- und Klangspielen experimentieren will, sollte ein paar elementare Requisiten bereithalten. Dazu zählen: ein CD-Spieler, mehrere Augenbinden, kleine tragbare Instrumente wie Bongos, Trommeln, ein Tamburin, Triangeln, Becken, Xylophone, Blockflöten, Gitarren usw. Stehen keine Instrumente zur Verfügung, können im Handumdrehen eigene Instrumente aus preiswerten Materialien gebastelt werden (vgl. Vorschläge für selbst gebastelte Instrumente, Seite 20). „Echte" Instrumente bereichern die Spiele zwar, sind aber nicht unbedingt erforderlich.

Kriterien für die Wahl des passenden Spiels

1. Der Schwierigkeitsgrad. Nicht jedes Spiel ist für jede Altersgruppe geeignet. Wichtig ist, dass ein Spiel dem Niveau der Spieler entspricht, damit es allen Spaß macht, ohne jemanden zu frustrieren. Eine Gruppe mit jüngeren Kindern wird sich zum Beispiel mit einem Spiel, das in hohem Maße Konzentration erfordert, unwohl und frustriert fühlen. Für sie sind Spiele mit möglichst vielen Aktionsmöglichkeiten angemessener.
2. Der Raum. Einige Spiele erfordern einen ruhigen, ungestörten Raum. Sollte dieser nicht zur Verfügung stehen, ist es besser, auf Vertrauens- und Konzentrationsspiele zu verzichten.
3. Die Zeitdauer. Jedes Spiel benötigt unterschiedlich viel Zeit. Die Piktogramme geben die ungefähre Zeitdauer an. Generell ist ein Spiel besser zu kurz als zu lang.
4. Der Instrumentengebrauch. Werden Instrumente benötigt, sollte der Spielleiter diese kurz vorführen können. Er sollte die Gruppe zu Beginn auf den verantwortungsvollen Umgang mit den Instrumenten hinweisen und den Spielern deutlich machen, was Instrumente kosten und welche Mühe ihre Herstellung bereitet. Erst dann sollten die Instrumente verteilt werden.
5. Die Disziplin. Während des Spiels sollte die Stimmung lebendig bleiben; dies liegt zu einem Großteil in der Verantwortung des Spielleiters. Er macht den Spielern auch Mut, sich mithilfe der Musik auszudrücken.

Scheint ein Spiel außer Kontrolle zu geraten, darf jederzeit unterbrochen werden. Die Gruppe wird einen Spielleiter mehr respektieren, wenn er die Spielleitung nicht sichtlich aufgibt.

6. Der Wettbewerb. Der Wettbewerbscharakter sollte als Motivationsaspekt betrachtet werden, insbesondere für die Kinder, die sonst schwer zu begeistern sind. Ein Spiel sollte so vorgestellt werden, dass jeder Spieler den Eindruck erhält, unabhängig vom musischen Können gewinnen zu können. Auch musikalische Brett- oder Ratespiele werden nicht nach dem Wissensstand bewertet, sondern nach dem Humor, der Fantasie, der Zusammenarbeit usw., die für die Lösung aufgewandt werden. Durch den Wettbewerbscharakter wird den Spielen Erfindungsgabe und Originalität und dem Einsatz der Mitspieler Antrieb verliehen. Keinesfalls sollte ein vorhandenes oder fehlendes musikalisches Talent in die Bewertung einbezogen werden.

Zusammenfassende Schlussfolgerung

Die Spiele in diesem Buch sollen allen Beteiligten vorrangig Spaß bereiten. Daneben gehört zu ihrer Zielsetzung,

- eine vertrauensvolle, angenehme Atmosphäre in der Gruppe zu schaffen,
- im Gruppenprozess kreative, soziale und individuelle Fähigkeiten entstehen und entwickeln lassen zu können,
- vorbereitend für die musikalische Erziehung zu wirken,
- zu zeigen, was allgemeinpädagogisch erreichbar ist,
- im Förderunterricht einen sinnvollen Beitrag zu leisten.

Nicht beabsichtigt ist,

- eine Situation zu schaffen, in der es eindeutige Gewinner und Verlierer gibt,
- einer Gruppe ausschließlich einseitige Fähig- und Fertigkeiten zu vermitteln,
- qualifizierten Musikunterricht zu ersetzen,
- mangelnde Kreativität anderer Schulfächer und Schulmaterialien auszugleichen,
- eine Alternative zu musiktherapeutischen Ansätzen zu sein.

Wenn in diesem Band von „dem Spielleiter" die Rede ist, so sind selbstverständlich auch alle Spielleiterinnen gemeint. Auch steht „der Schüler" für Schülerinnen und Schüler.

Vorschläge für selbst gebastelte Instrumente:

- Als Rassel: Kaffeedosen, gefüllt mit einer Handvoll Kaffeebohnen oder Reis oder leere Plastikflaschen, gefüllt mit Erbsen, Kaffee oder Reis. Im Herbst alternativ getrocknete Kürbisse.
- Als Percussions: ein Topf oder eine stabile Schüssel und ein Holzlöffel.
- Als Trommel: ein oder mehrere Pappkartons und ein Holzlöffel.
- Als Trompeten: leere Küchenpapierrollen, unterschiedlich gestaltet.
- Als Xylophon: Gläser oder Glasflaschen, die unterschiedlich hoch mit Wasser befüllt sind.
- Als Kastagnetten: zwei Holzlöffel, deren Stiel bis auf ein kurzes Stück abgesägt wird. In den restlichen Stiel werden Löcher gebohrt, durch die die beiden Löffel mit einer Schnur zusammengeknotet werden können.
- Als Schellen: Glöckchen, die an einer Schnur aneinander gebunden werden, sodass sie um das Handgelenk getragen werden können oder Kleinkinderspielzeug mit Rasseln oder Glöckchen.

Spiele, die die Entwicklung persönlicher Fähigkeiten fördern

Spiele zum Hin- und Zuhören

Bei den hier vorgestellten Spielen wird insbesondere die Fähigkeit trainiert, aufmerksam zuzuhören. Die Kinder und Jugendlichen sind aufgefordert, auf verschiedene Töne, Klänge und Geräusche unterschiedlich zu reagieren, sie zum Beispiel zu imitieren, zu beantworten, den Rhythmus wieder zu erkennen usw.
Hör-Spiele verlangen zwar einiges an Konzentration, sie unterscheiden sich dennoch von den Konzentrationsspielen, die einen höheren Schwierigkeitsgrad haben. Im Gegensatz zu den Konzentrationsspielen reicht ein oberflächliches Hinhören bei den Hör-Spielen oft aus. Deshalb sind sie gerade für Kinder, die noch Schwierigkeiten haben, sich längere Zeit zu konzentrieren, als Einstieg geeignet. Meistern sie die Hör-Spiele mit Erfolg, werden sie auch Spaß an den Konzentrationsspielen haben.

Merkmale und Eigenschaften:

- Im Vordergrund stehen das Erkennen und Vergleichen von Klängen und Tönen.
- Sie fordern das Gedächtnis und die Intelligenz und fördern das Reaktions- und Improvisationsvermögen.
- Um die Konzentration auf das Gehör zu erleichtern, wird oft eine Augenbinde eingesetzt.
- Hör-Spiele sind insbesondere für Kinder gut geeignet.

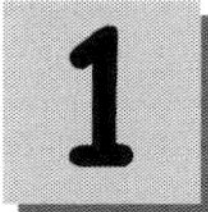

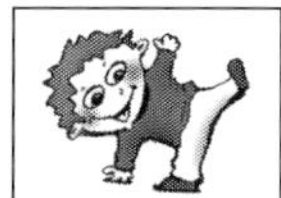

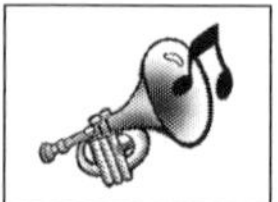

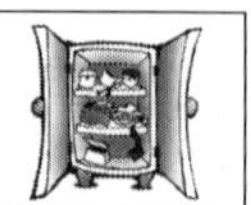

Instrumentensuche

Was wird benötigt: für jeden Mitspieler ein anderes Instrument, eine Augenbinde

Jedes Kind sucht sich zunächst ein Instrument aus und alle setzen sich in einem Kreis zusammen. Vor Beginn des Spiels bespricht man nochmals die Namen der einzelnen Instrumente und alle demonstrieren, wie ihr Instrument klingt. Nun stellt sich ein Kind mit verbundenen Augen in die Mitte. Der Spielleiter fordert alle auf, gleichzeitig und in einheitlicher Lautstärke zu spielen und nennt dann eines der beteiligten Instrumente. Dieses soll das Kind mit den verbundenen Augen nun heraushören und finden. Gelingt ihm das, wird gewechselt, wenn nicht, bekommt es einen zweiten Versuch.

Variante 1: Sind nicht genügend Instrumente für alle Kinder vorhanden, können sie den Klang der Instrumente auch stimmlich imitieren.

Variante 2: Jeder summt einen Ton oder eine Tonfolge. Derjenige mit den verbundenen Augen muss dann zu einem bestimmten Mitspieler finden und ihn antippen.

Tipp: Um zu vermeiden, dass die Kinder in den folgenden Spielrunden die Mitspieler und Instrumente aus dem Gedächtnis finden, wechseln alle nach jeder Runde die Plätze.

2

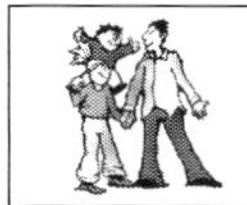  

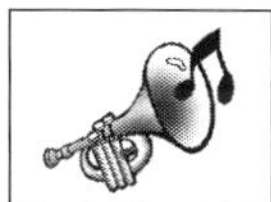

Welches Instrument fehlt hier?

Was wird benötigt: für jeden Mitspieler ein anderes Instrument, auch große Instrumente wie Klavier, Orgel, Pauken usw., falls vorhanden

Alle Mitspieler setzen sich mit den Instrumenten, die sie sich für dieses Spiel ausgesucht haben, in einen Kreis. Vor Beginn des eigentlichen Spiels werden die Namen der einzelnen Instrumente nochmals besprochen und alle spielen ihre Instrumente kurz vor, um zu zeigen, wie sie klingen.
Ein Spieler ohne Instrument ist der Zuhörer. Er setzt sich mit dem Rücken zu seinen Mitspielern und schließt die Augen. Der Spielleiter zeigt nun auf ein Instrument, das *nicht* mitspielen soll. Während alle anderen gleichzeitig anfangen zu spielen, muss der Zuhörer versuchen herauszuhören, welches Instrument fehlt.

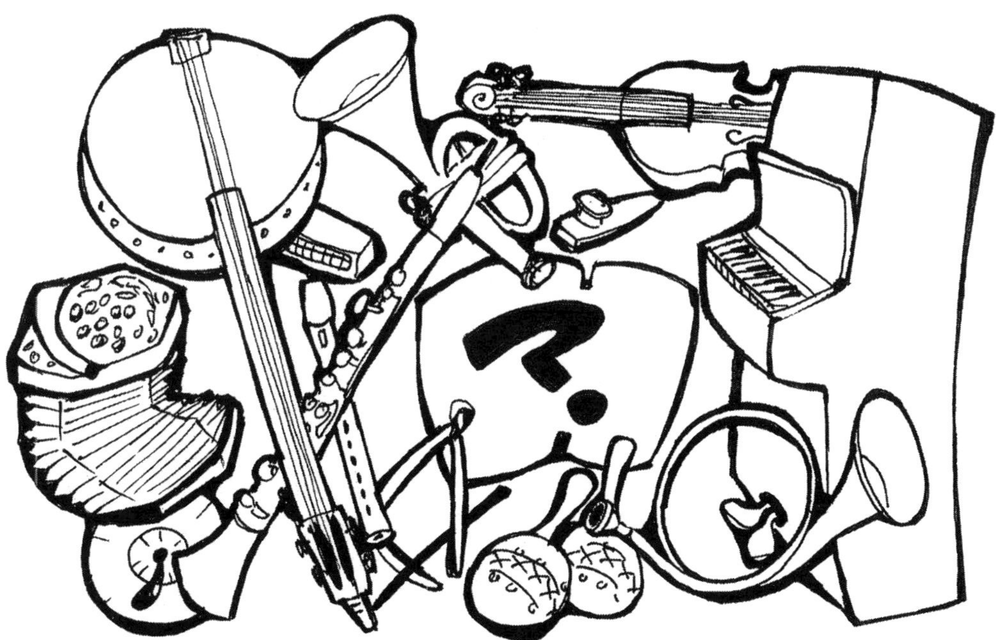

Tipp: Sollte die Gruppe zu groß sein, sodass das Spiel zu schwierig wird, wird sie geteilt oder man nimmt von jedem Instrument zwei.

3

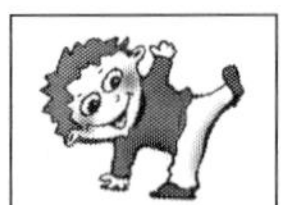

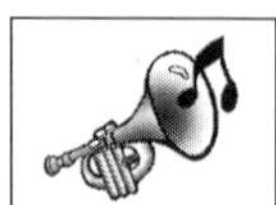

Imitationsspiel

Was wird benötigt: mehrere Instrumente, davon jeweils zwei gleiche

Die Kinder teilen sich zunächst in zwei Gruppen auf und setzen sich dann mit dem Rücken zueinander hin. Vor jeder Gruppe liegen dabei die jeweils gleichen Instrumente auf dem Boden. Auf Zeichen des Spielleiters sucht sich ein Kind aus Gruppe A ein beliebiges der Instrumente aus und spielt darauf. Gruppe B muss nun dem Gehör nach das Instrument bestimmen und dann ebenfalls darauf spielen. Liegt die Gruppe richtig, erhält sie einen Punkt und darf die nächste Runde beginnen.
Gespielt wird solange, bis entweder eine vorher festgelegte Punktzahl oder bestimmte Anzahl an Runden erreicht ist. Wer schummelt und sich zum Beispiel umsieht, bekommt Strafpunkte für seine Gruppe.

Variante 1: Alle machen sich einen Spaß daraus, die Instrumente verfremdet zu spielen, damit es schwieriger wird, sie zu erkennen.

Variante 2: Um das Spiel zu erschweren, muss Gruppe B zusätzlich den vorgegebenen Rhythmus von Gruppe A imitieren.

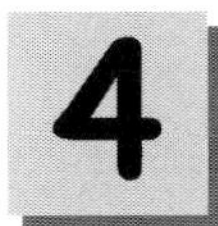
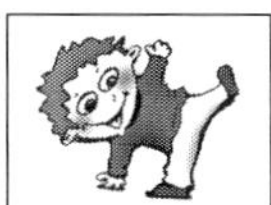
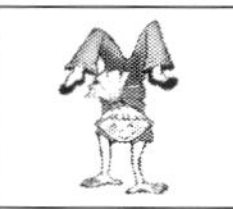
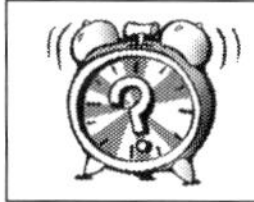
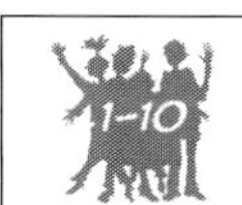

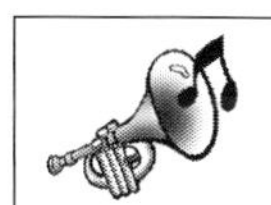

Namensrhythmus

Was wird benötigt: für jeden Mitspieler ein Instrument

Die Mitspieler sitzen mit ihren Instrumenten in einem Kreis. Jeder sagt nun laut seinen Namen und versucht dann, den Rhythmus seines Namens auf dem Instrument nachzuspielen. Im Anschluss daran wiederholt die ganze Gruppe dies mehrmals. Zum Beispiel:

Martin Baumann oder Nathalie Klein

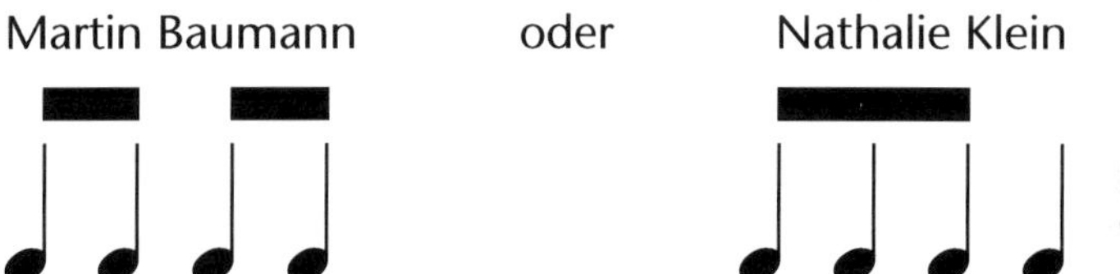

Nun kann das eigentliche Spiel beginnen. Ein Mitspieler spielt auf seinem Instrument den Namen eines anderen. Hat derjenige sich erkannt, spielt er wiederum den Namensrhythmus eines anderen usw.

Tipp: Am besten lässt sich dieses Spiel mit Schlaginstrumenten durchführen. Falls es einigen Kindern schwerfällt, den richtigen Rhythmus zu ihrem Namen zu finden, kann der Spielleiter helfen.

5

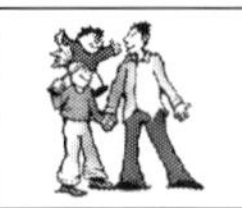   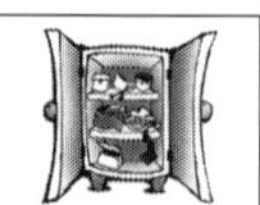

Stilles Platzwechseln

Was wird benötigt: eine Augenbinde

Die Mitspieler setzen sich für dieses Spiel in einen möglichst engen Kreis. Ein Mitspieler stellt sich mit verbundenen Augen in die Mitte. Nun verteilt der Spielleiter an jeden der Mitspieler einen Zettel mit einer Nummer.
Der Spieler mit der Augenbinde nennt nun zwei der Zahlen. Die beiden Genannten bemühen sich, so leise wie möglich die Plätze zu tauschen, dürfen dabei aber nicht zu ihren eigenen Plätzen zurücklaufen. Der „Blinde" versucht, nur mithilfe seines Gehörs einen der beiden zu erwischen und anzutippen. Gelingt ihm das, wird getauscht. Berührt er einen der beiden, wenn sie bereits wieder sitzen, gilt dies nicht.

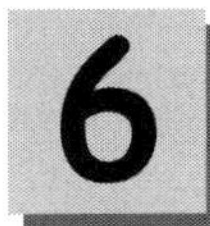

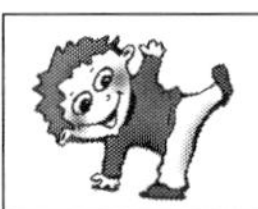 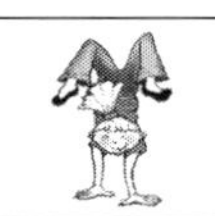 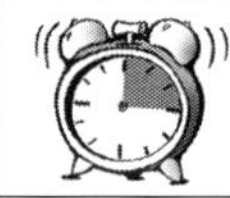 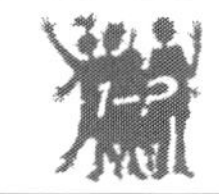 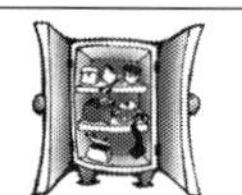

Wie viele stehen hinter mir?

Was wird benötigt: eine Augenbinde

Alle stellen sich in einen großen Kreis, ein Mitspieler wird mit verbundenen Augen in die Mitte geführt.
Der Spielleiter gibt nun nacheinander mehreren Mitspielern ein Zeichen, dass sie sich so lautlos wie möglich hinter den Spieler mit der Augenbinde stellen sollen. Die ganze Gruppe muss dabei sehr leise sein! Nun rät der Mitspieler, der nur auf sein Gehör angewiesen ist, wie viele Menschen hinter ihm stehen. Liegt er richtig, wird getauscht, sonst beginnt die Runde von vorn …

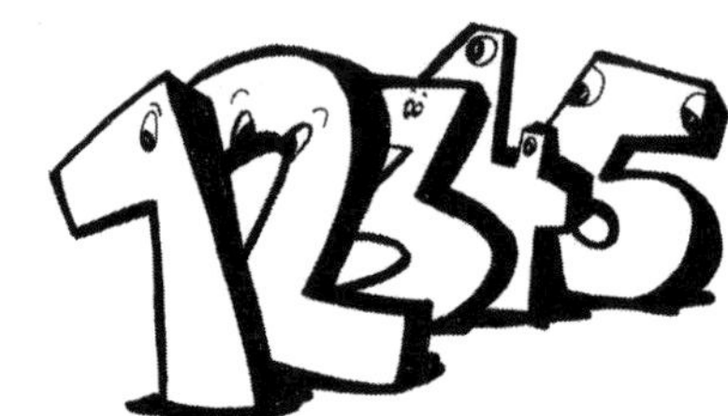

7

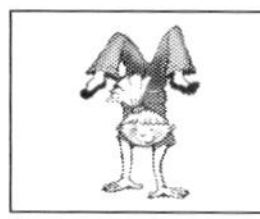
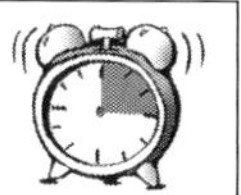
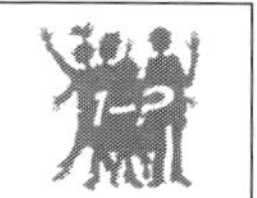

Wer erkennt das Lied?

Bei größeren Gruppen bilden jeweils einige Kinder zusammen eine kleine Rategruppe, in einer kleineren Gruppe spielt jeder allein.
Der Spielleiter klatscht, klopft oder spielt den Rhythmus eines allseits bekannten Liedes ganz vor. Die Gruppe, die am Ende als Erste den richtigen Titel nennen kann, erhält einen Punkt. Gewonnen hat, wer nach einer vorher festgelegten Anzahl an Runden die meisten Punkte erreicht hat.

Variante: Dieses Spiel lässt sich auch gut als Teil eines größeren Spiels einsetzen, beispielsweise innerhalb eines Ratespiels oder den am Ende des Buches vorgestellten musikalischen Brettspielen.

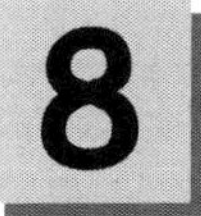

8

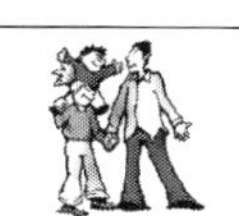

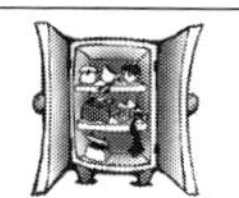

Wo bin ich?

Was wird benötigt: eine Augenbinde

Alle Mitspieler machen sich zunächst mit dem Raum vertraut. Einem Mitspieler werden die Augen verbunden und er wird an eine ihm unbekannte Stelle im Raum geführt. Die anderen suchen sich ebenfalls einen Ort im Raum aus, an dem sie für die Dauer der Spielrunde stehen bleiben.
Der „Blinde" nennt nun nacheinander einzelne seiner Mitspieler beim Namen. Diese machen daraufhin jeweils ein Geräusch an oder mit einem Gegenstand oder Möbelstück, an dem sie sich befinden, also z. B. dem Fenster, dem Fußboden, der Tür, einem Stuhl usw.
Errät der Spieler daraufhin, an welcher Stelle im Raum er selbst sich befindet, wird getauscht und alles beginnt von vorn.

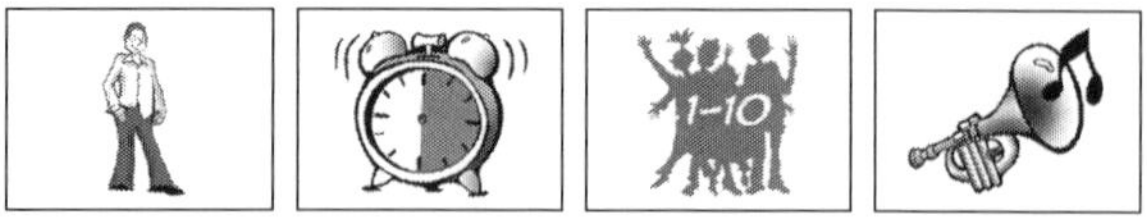

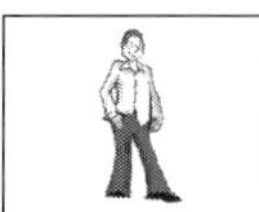

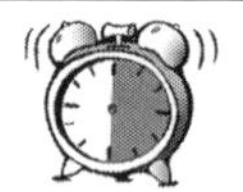

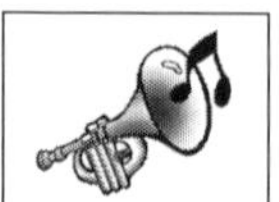

Musikalisches Gespräch

Was wird benötigt: für jeden Mitspieler ein Instrument

Die Spieler suchen sich ein Instrument aus und setzen sich in Vierergruppen zusammen. Jemand aus Gruppe A beginnt nun, auf seinem Instrument so zu spielen, als wolle er etwas sagen. Die drei anderen antworten mit ihren Instrumenten, sodass der Eindruck einer musikalischen Diskussion entsteht. Es gibt dabei keine festgelegte Reihenfolge und es sollen weder zu lange Pausen entstehen noch sollen sich die Vier dauernd überschneiden. Alle anderen Gruppen hören dabei jeweils zu.

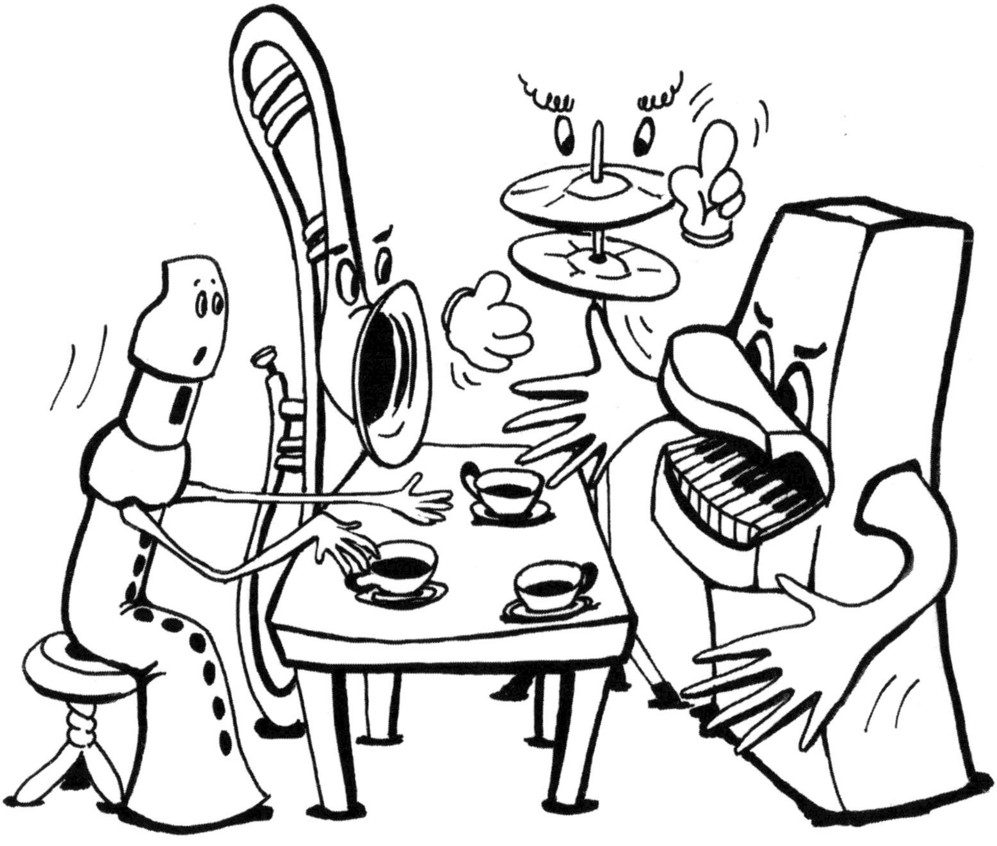

Nach ein paar Minuten wird das Gespräch unterbrochen und die Zuhörer werden zu ihrem Eindruck befragt: Haben die Spieler einander gut zugehört und gut aufeinander reagiert? Hatte irgendjemand mehr zu sagen als ein anderer und warum? Sind alle zu Wort gekommen? Konnte man entnehmen, dass das Spiel der Einzelnen etwas Bestimmtes ausdrücken sollte?
Nach Ende dieser Besprechung ist dann die nächste Vierergruppe an der Reihe.

Tipps: Vielen fällt der Einstieg in dieses Spiel nicht leicht, deswegen bietet es sich eventuell an, mit einer Vorübung zu beginnen: Dazu setzen sich die Spieler zunächst einander gegenüber in zwei Reihen. Nun spielt der Erste aus Reihe A einen Rhythmus oder eine kurze Tonfolge auf seinem Instrument und der Gegenübersitzende versucht, dies möglichst genau nachzuahmen. Sind alle einmal durch, wird getauscht.
Danach beginnt wieder der Erste aus Reihe A, doch diesmal ahmt sein Gegenüber das Gehörte nicht nach, sondern antwortet musikalisch darauf. Auch hier kommt jeder einmal an die Reihe und es wird nochmals getauscht.
Erst im Anschluss daran finden sich immer zwei Paare zu einer Vierergruppe zusammen.
Dieses Spiel kann man natürlich auch spielen, wenn man nur zu viert ist!

10

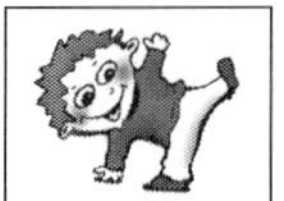
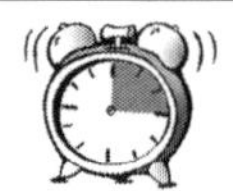
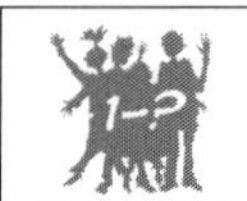
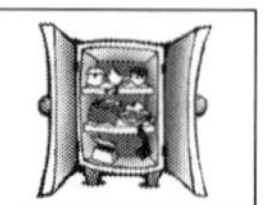

Wer singt am lautesten?

Was wird benötigt: eine Augenbinde

Alle stellen oder setzen sich in einen Kreis. Einem Kind werden die Augen verbunden und es wird in die Mitte geführt.
Nun überlegen sich alle zusammen ein Lied, das sie singen wollen und jeder überlegt sich gleichzeitig eine bestimmte Lautstärke dafür. Ein Kind wird dazu bestimmt, am lautesten zu singen. Während alle singen, muss der „Blinde" den Lautesten namentlich nennen und ihn dem Gehör nach ausfindig machen. Gelingt ihm das, tauscht er mit diesem die Rollen.

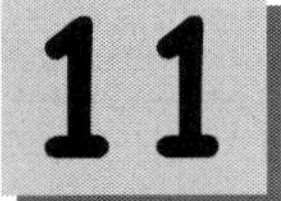

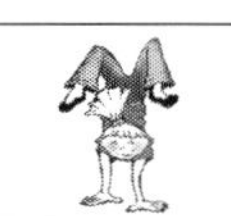
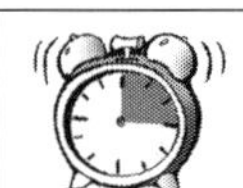
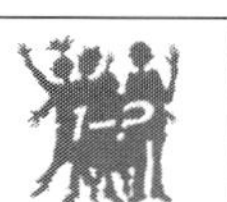

Fehler raten

Der Spielleiter singt ein allseits bekanntes Lied mehrfach vor. Plötzlich verändert er möglichst unauffällig etwas an der Melodie oder dem Text. Wer den Fehler als Erster bemerkt und korrigiert, erhält einen Punkt.

Variante 1: Natürlich lässt sich der Fehler auch gleich beim ersten Singen einbauen. Dann wird das Spiel etwas schwieriger.

Variante 2: Dieses kurze Spiel lässt sich auch gut in ein musikalisches Quiz oder eines der musikalischen Brettspiele am Ende des Buches integrieren.

12

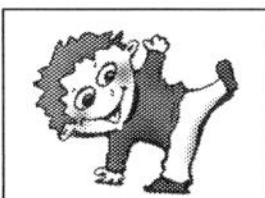
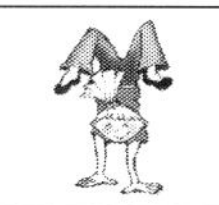

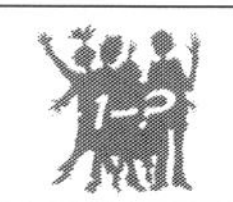
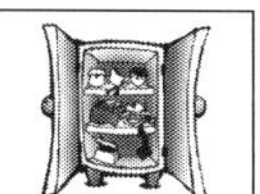

Nachtwache

Was wird benötigt: Versteckmöglichkeiten, eine Augenbinde

Ein Mitspieler wird zur Nachtwache bestimmt und verlässt den Raum. Alle anderen erhalten jeweils einen verdeckten Zettel mit einer Nummer und jeder denkt sich einen Tierlaut aus. Auf ein Zeichen suchen sich alle ein gutes Versteck.
Nun wird die Nachtwache hereingerufen und aufgefordert, eine der Nummern zu nennen. Wer gerufen wird, lässt seinen Tierlaut hören. Die Nachtwache soll nun erraten, um welches Tier es sich handelt und welche Person dahinter steckt. Liegt sie damit richtig, kommt der Spieler aus seinem Versteck und die Nachtwache muss ihn fangen. Gelingt auch dies, übernimmt der Gefangene die Rolle der Nachtwache. Liegt sie falsch, bleiben alle versteckt und die Runde beginnt von vorn.

Variante 1: Im Dunkeln macht dieses Spiel noch mehr Spaß! Die Nachtwache muss die Mitspieler dann suchen und nicht fangen.

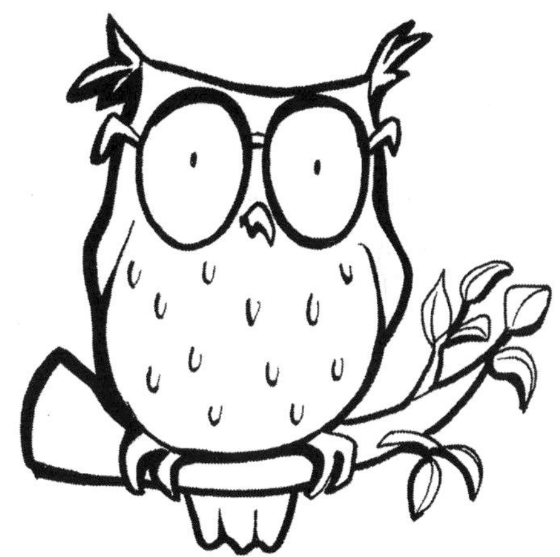

Variante 2: Das Spiel lässt sich sehr gut auch draußen spielen. Die Nachtwache erhält dann bis zum Beginn der ersten Runde eine Augenbinde, damit sie nicht sieht, wo die anderen sich verstecken.

Tipp: Wenn man nur einen kleinen Raum ohne Versteckmöglichkeiten zur Verfügung hat, bekommt die Nachtwache eine Augenbinde und die anderen suchen sich einen festen Platz, an dem sie während der Spielrunde bleiben müssen. Die Runde ist dann beendet, wenn die Nachtwache die Mitspieler richtig erraten hat.

13

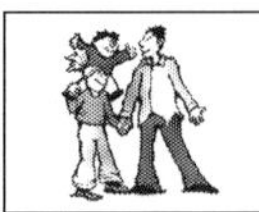
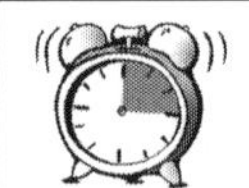
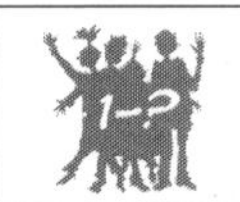

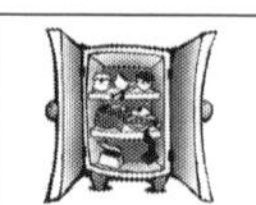

Geräusche einprägen

Was wird benötigt: Gegenstände, mit denen sich unterschiedlichste Geräusche erzeugen lassen, Stift und Papier für jeden

Alle setzen sich mit geschlossenen Augen bequem hin oder legen sich auf den Boden, um sich besser konzentrieren zu können. Der Spielleiter erzeugt nun einige Minuten lang unterschiedliche Geräusche. Zum Beispiel kann er die Vorhänge auf- und zuziehen, gegen die Heizung schlagen, an die Fensterscheiben klopfen usw.
Am Ende schreiben alle auf, was sie vermuten, gehört zu haben, wenn möglich auch in der richtigen Reihenfolge. Dann vergleicht man die Ergebnisse miteinander.

Variante: Man kann dieses Spiel auch mit Instrumenten spielen. Es müssen dann alle mit geschlossenen Augen versuchen herauszuhören, welche Instrumente der Spielleiter vorführt und sie in der richtigen Reihenfolge aufschreiben.

Tipp: Wiederholt man das Spiel auch noch mehrmals, ist es eine tolle und spannende Gedächtnisübung!

14

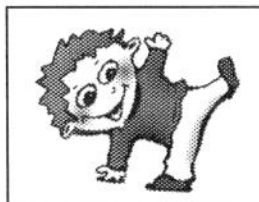
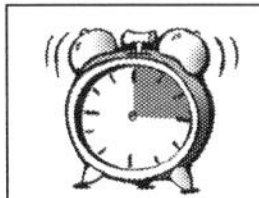
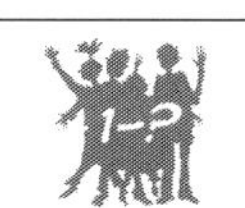

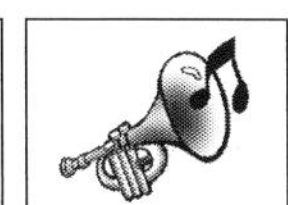

Spielen oder nicht spielen?

Was wird benötigt: für jeden Mitspieler ein Instrument, für den Spielleiter zwei unterschiedliche Instrumente

Der Spielleiter legt vor Beginn des Spiels zwei im Klang unterschiedliche Instrumente beiseite, beispielsweise ein Xylophon und Bongos. Alle Kinder suchen sich ebenfalls ein Instrument aus, dürfen aber im Folgenden nur darauf spielen, wenn der Spielleiter *eines* der beiden versteckten Instrumente spielt. Es wird also zum Beispiel verabredet, dass die Gruppe nur mitspielen darf, wenn sie die Bongos hört, und nicht spielen darf, wenn das Xylophon zu hören ist.
Nach und nach verkürzt der Spielleiter die Abstände zwischen den Instrumentenwechseln immer mehr, sodass sich die Kinder vollkommen auf ihr Gehör verlassen müssen.

Variante 1: Man kann dieses Spiel auch sehr gut von einem Kind leiten lassen.

Variante 2: Die Gruppe wird geteilt und eine Hälfte spielt nur, wenn sie das eine Instrument, die andere Hälfte nur, wenn sie das andere Instrument hört.

Tipp: Die zwei Instrumente des Spielleiters kann man in einem angrenzenden Raum, hinter einer Trennwand oder einem Vorhang verstecken.

15

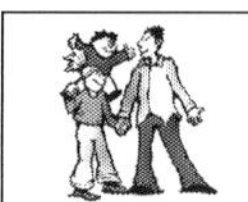
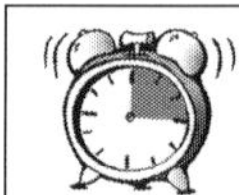
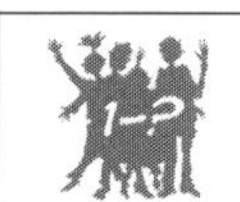

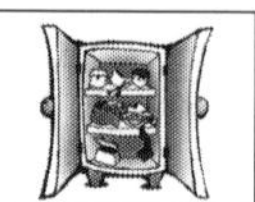

Einfrieren

Was wird benötigt: ein Radio oder ein CD-Spieler

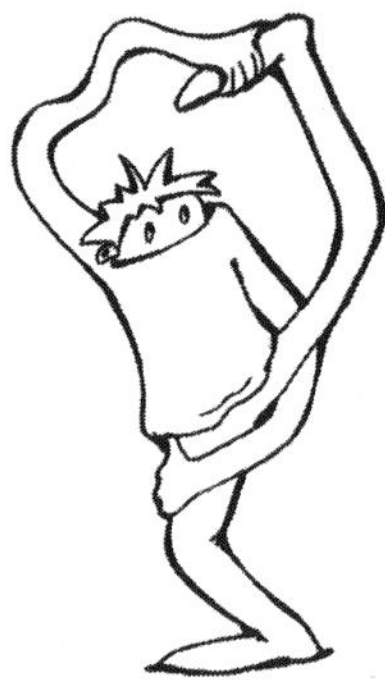

Der Spielleiter lässt Musik laufen, zu der alle gut tanzen, laufen und sich bewegen können. Plötzlich wird die Musik gestoppt – und alle müssen in der Position verharren, in der sie sich gerade befinden. 20 Sekunden lang darf sich niemand bewegen, dann setzt die Musik wieder ein und alle warten gespannt, wann sie das nächste Mal stoppt.

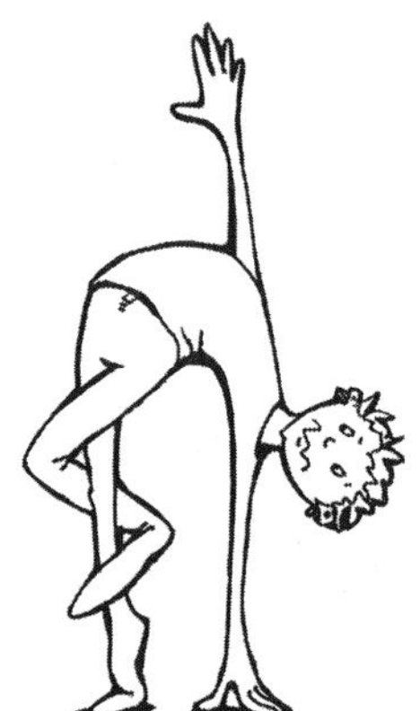

Variante: Die Rolle des Spielleiters übernehmen auch Kinder sehr gerne.

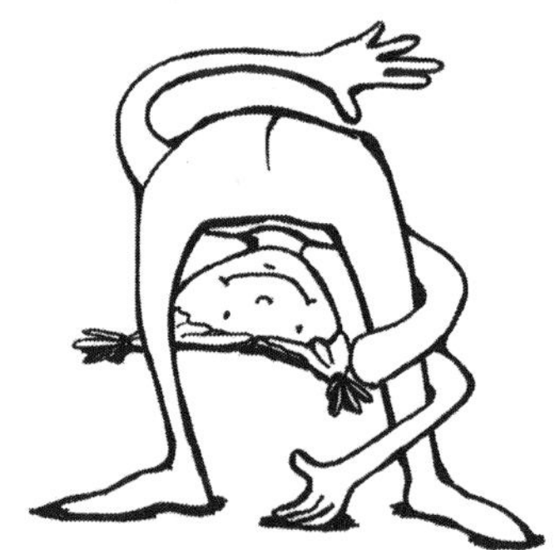

16

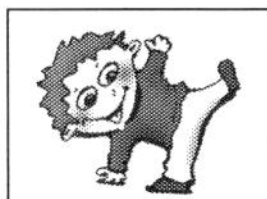
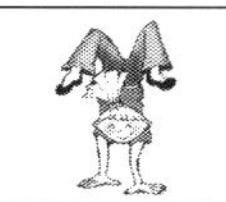
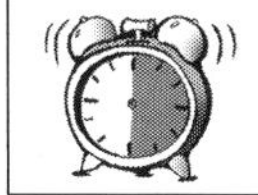
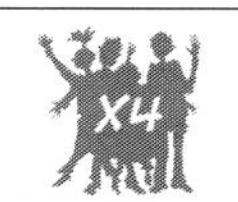

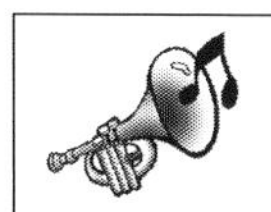
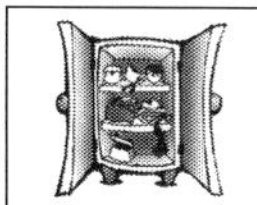

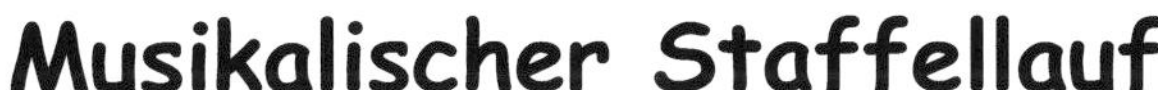

Musikalischer Staffellauf

Was wird benötigt: ein großer Platz im Freien, ein Schlaginstrument für jede Gruppe, vier Stöcke oder Fahnen

Zunächst werden auf dem Spielfeld mit einigem Abstand vier Posten mit einem Stock oder einer Fahne markiert.
Dann werden Vierergruppen gebildet und jeder in einer Gruppe erhält eine Nummer zwischen 1 und 4. Jede Gruppe sucht sich ein Schlaginstrument, z. B. Bongos, ein Tamburin oder eine Triangel. Anschließend gehen aus jeder Gruppe diejenigen mit der Nummer 1 zum ersten Posten, diejenigen mit der Nummer 2 zum zweiten Posten usw.
Der Spielleiter wartet am ersten Posten, um dort jedem einen anderen Rhythmus eines bekannten Liedes vorzuspielen, jeweils die erste Zeile. Er muss aber unbedingt kontrollieren, ob alle den Rhythmus auch alleine nachspielen können.
Dann gibt der Spielleiter ein Zeichen: alle vom ersten Posten rennen so schnell wie möglich zum zweiten Posten und spielen dort ihren Rhythmus ihrem jeweiligen Mitspieler mit der Nummer 2 vor. Hat dieser den Rhythmus erkannt, nimmt er das Instrument und läuft zu Nummer 3. Mitspieler Nummer 3 rennt, wenn er den Rhythmus erkannt hat, mit dem Instrument zu Nummer 4. Die Gruppe, deren Spieler mit der Nummer 4 dann zuerst wieder beim Spielleiter ankommt und zudem den Rhythmus richtig vorspielt, hat gewonnen.

Konzentrationsspiele

Diese Spiele stehen zwar mit den Hör-Spielen in enger Verbindung, da das Hören auch hier eine entscheidende Rolle spielt, allerdings erfordern sie einiges mehr an Konzentration und Disziplin. Da diese Spiele oft als schwierig und ermüdend empfunden werden, sollte man sie einerseits in einem ruhigen, gemütlichen Raum stattfinden lassen und andererseits die Spieldauer nicht überstrapazieren.

Merkmale und Eigenschaften:

- Die Kinder und Jugendlichen müssen sich nicht nur vollkommen auf sich selbst konzentrieren, sondern ihre ganze Aufmerksamkeit auf den Spielleiter und einzelne Mitspieler lenken.
- Die Spieler müssen dazu in der Lage sein, störende und ablenkende Geräusche zu ignorieren.
- Der Schwerpunkt liegt hauptsächlich auf dem Gehör, in einigen Spielen kommen Sehen und Fühlen hinzu.
- Oftmals werden Reaktionen verlangt, die nur durch äußerste Konzentration zu bewerkstelligen sind.

17

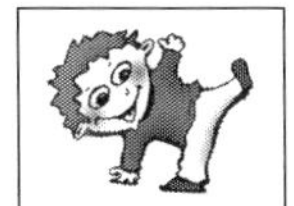
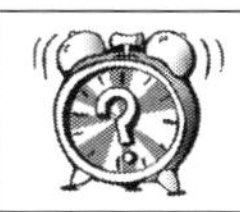
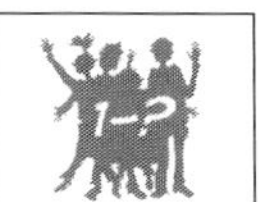

Rhythmusgefühl

Die Kinder sitzen in einem Kreis. Ein Kind wird gebeten, sich im Stillen ein Lied auszudenken. Den Rhythmus der ersten Zeile klopft es auf den Rücken seines Nachbarn. Dieser wiederum klopft beim Nächsten den Rhythmus auf den Rücken, den er gefühlt hat. So geht es einmal im Kreis. Der Letzte klatscht den Rhythmus dann laut vor. Ist es noch derselbe, mit dem die Runde begonnen wurde? Ein anderes Kind darf dann die nächste Runde beginnen.

Tipp: Es ist sehr wahrscheinlich, dass sich der Rhythmus innerhalb der Runde verändert. Die Ursachen dafür sollte der Spielleiter beobachten. Wenn der Rhythmus zu lang oder schwierig war, sollte im Folgenden ein leichterer genommen werden. Liegt es aber an mangelnder Aufmerksamkeit, sollten die Kinder um mehr Konzentration gebeten werden.

18

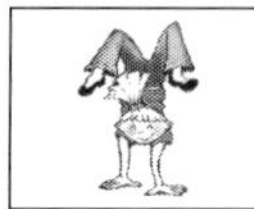

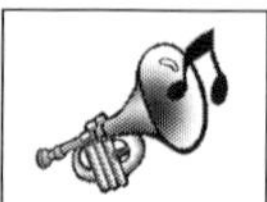

Klatschspiel

Was wird benötigt: ein Schlaginstrument

Die Mitspieler teilen sich in zwei Gruppen auf, die sich abseits voneinander hinsetzen. Der Spielleiter schlägt auf einem Schlaginstrument in ruhigen, regelmäßigen Abständen wie ein Metronom. Auf ein Zeichen von ihm klatscht Gruppe A auf den fünften, Gruppe B auf den dritten Schlag einmal in die Hände. Niemand darf dabei laut zählen. Wenn einige Zeit lang niemand mehr einen Fehler gemacht hat, wird ein Mitspieler dazu bestimmt, die anderen zu irritieren und willkürlich zu klatschen. Dies wird ein paar Mal wiederholt, wobei der Störenfried wechseln sollte.
Klappt auch dies, teilen sich die Mitspieler neu in drei Gruppen auf. Gruppe A klatscht nun zum Beispiel auf Fünf, Gruppe B auf Vier und Gruppe C auf Drei. Macht auch hier niemand mehr einen Fehler, wird wieder jemand dazu bestimmt, alle übrigen durcheinander zu bringen. Nach und nach kann der Spielleiter auch das Tempo immer mehr steigern.

Variante: Wenn alle konzentriert genug sind, kann auch mit Instrumenten gespielt werden. Gruppe A nimmt zum Beispiel Trommeln, Gruppe B Xylophone und Gruppe C Rassel- und Schelleninstrumente.

Tipps: Dieses Spiel ist gar nicht so einfach, wie es sich vielleicht anhört, deshalb sollte das Tempo am Anfang nicht zu schnell sein. Damit keine Routine im Klatschen entsteht, sollten die Gruppen zudem immer wieder ihren Zählrhythmus ändern.

19

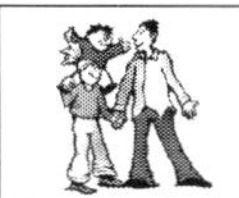
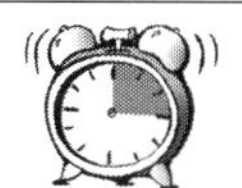
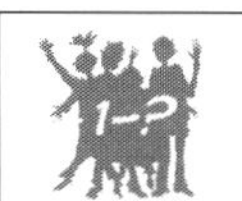
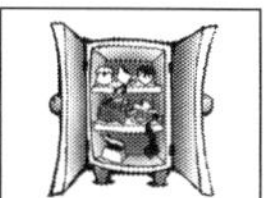

Das klingende Viereck

Was wird benötigt: Tafel und Kreide oder große Papierbögen und Filzer, höchstens 16 Mitspieler

An die Tafel wird ein großes Viereck gezeichnet, das in sechzehn Kästen unterteilt wird. Jeder Mitspieler denkt sich nun einen Klang aus. Das kann zum Beispiel eine Wortsilbe oder ein ganzes Wort sein, ein Rhythmus, eine kurze Tonfolge usw. Jeder schreibt dann seinen Klang in eines der Kästchen. Dabei sollte sich aber nichts wiederholen und ein oder zwei Kästen bleiben nach Möglichkeit leer.
Sind alle damit fertig, hat man als Ergebnis eine Partitur im 4/4-Takt, die zeilenweise von links nach rechts gelesen wird. Dazu zeigt der Spielleiter im Takt nacheinander auf die einzelnen Kästchen, während die Mitspieler die jeweiligen Klänge vokalisieren. Natürlich muss die Pause bei den leeren Kästen von allen eingehalten werden! Wenn man beim letzten Kästchen angekommen ist, beginnt man von vorn und wiederholt so alles einige Male. Sobald niemand mehr Fehler macht, steigert der Spielleiter das Tempo allmählich, damit die Gruppe aufmerksam bleibt.
Gelingt dies auch, zeigt der Spielleiter nicht mehr auf die Kästchen, sondern klatscht oder klopft nur noch den Takt.
Als Abschluss lässt sich daraus nun ein Kanon machen. Die Mitspieler teilen sich dazu in zwei Gruppen auf. Gruppe A beginnt mit der ersten Zeile, Gruppe B beginnt, wenn Gruppe A die dritte Zeile erreicht hat. Natürlich kann man aus diesem zweistimmigen Kanon später auch einen drei- oder vierstimmigen machen. Aber dazu muss sich jeder genau an den Takt halten!

Variante 1: Zur Umsetzung der Partitur lassen sich natürlich auch Instrumente nehmen.

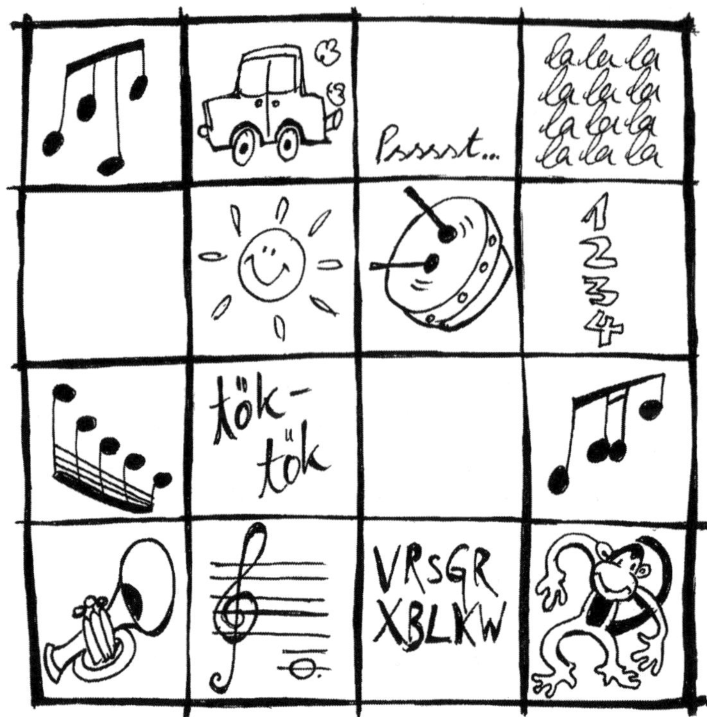

Variante 2: Zur Abwechslung kann der Takt geändert werden. Anstatt eines 4/4-Taktes wird zum Beispiel ein freies Tempo gewählt, dass sich dadurch bestimmt, in welchem Tempo der Spielleiter auf die Kästchen zeigt. Dabei kann er mal schneller und mal langsamer werden.

Variante 3: Aus der Partitur kann man unterschiedlichste Musikstücke entstehen lassen. Dazu zeigt der Spielleiter einfach in beliebiger Reihenfolge auf die Kästchen oder wiederholt einzelne mehrfach.

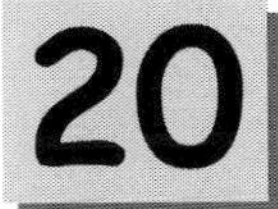
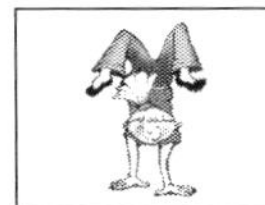
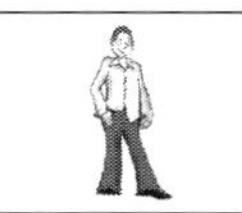
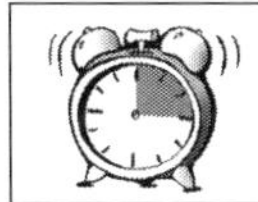

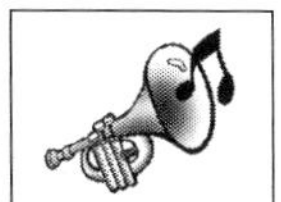

Unisono

Was wird benötigt: für jeden Mitspieler ein Instrument

Alle setzen sich in einen Kreis, jeder hat ein Instrument und denkt sich einen Rhythmus oder eine kurze Tonfolge aus. Nun wiederholen alle gleichzeitig ein paar Mal, was sie sich ausgedacht haben. Plötzlich gibt der Spielleiter ein Zeichen und jeder Zweite übernimmt den Rhythmus oder die Melodie seines Nachbarn, sodass nun immer zwei Mitspieler dasselbe spielen. Nach einer Weile gibt der Spielleiter erneut ein Zeichen und jedes zweite Paar übernimmt das Motiv des Paares neben ihm: Jetzt spielen schon vier Mitspieler dasselbe. Dann lässt der Spielleiter auf ein Zeichen aus den Vierergruppen Gruppen mit acht Spielern werden, die dasselbe spielen usw., bis zum Schluss die ganze Gruppe denselben Rhythmus oder dieselbe Melodie spielt. Am Ende bleibt die spannende Frage, wer sich das Motiv ausgedacht hat, das nun alle gespielt haben.

Tipp: Man sollte vorher genau verabreden, dass jeweils der links Sitzende das Motiv von seinem rechten Nachbarn übernimmt oder umgekehrt, damit es keine Missverständnisse gibt. Dasselbe gilt dann auch für die Paare.

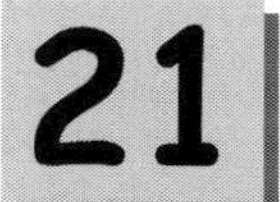

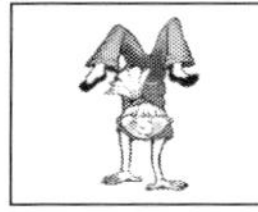

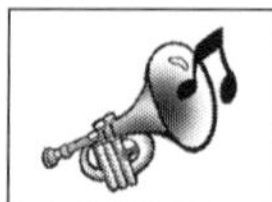

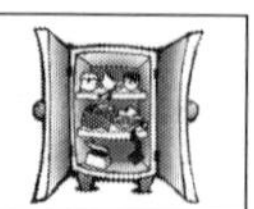

Ich ruf dich an

Was wird benötigt: für jeden Mitspieler ein Instrument, Tafel und Kreide oder große Papierbögen und Filzer, Karten mit den Nummern 1 bis 5

Zunächst notiert der Spielleiter vier einfache Rhythmen an der Tafel (bei mehr als sechzehn Teilnehmern fünf Rhythmen), die nummeriert werden. Zum Beispiel:

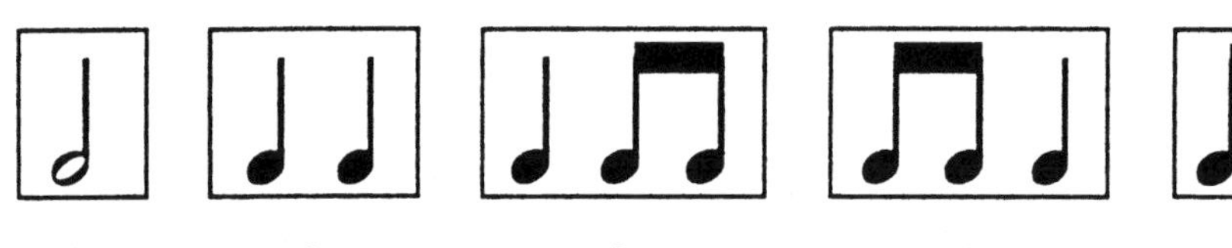

1. 2. 3. 4. 5.

Zur Vorbereitung üben alle die verschiedenen Rhythmen zusammen so lange, bis jeder sie erkennen und auch alleine spielen kann. Dann verteilt der Spielleiter an jeden Mitspieler eine Karte mit einer individuellen Zahlenkombination, d. h. einer Kombination der Rhythmen (zum Beispiel 4132 oder 2413). Diese Zahlenkombination ist die Telefonnummer, unter der sich die Mitspieler nun gegenseitig anrufen sollen.
Einer der Spieler beginnt, indem er eine willkürliche Nummer wählt, das heißt, er spielt auf seinem Instrument eine beliebige Kombination der Grundrhythmen. Wer darin seine Telefonnummer erkennt, ruft den nächsten Mitspieler an usw. Alle sollten während des gesamten Spiels sehr aufmerksam sein, damit niemand seine Nummer verpasst.

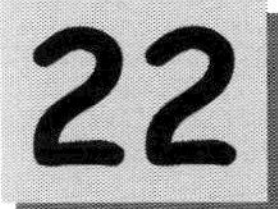

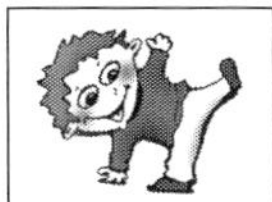

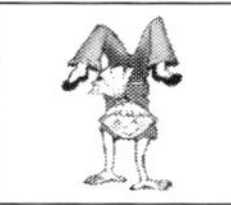

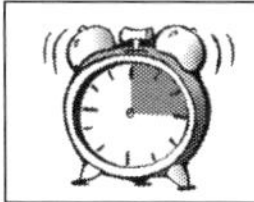

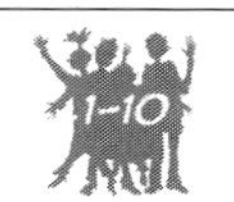

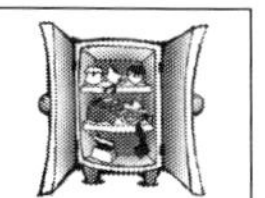

Lachen verboten

Was wird benötigt: Karten, auf denen Liedtitel notiert sind

Je drei Kinder spielen als Gruppe zusammen. Während eine Gruppe an der Reihe ist, hören die anderen zu.
Der Spielleiter gibt allen drei Mitspielern einer Gruppe eine Karte mit unterschiedlichen bekannten Liedtiteln.
Dann gibt er ein Zeichen und die drei beginnen gleichzeitig, ihr Lied zu singen. Dabei darf aber niemand lachen, was ganz schön schwer ist! Wer doch lachen muss, kriegt einen Strafpunkt.
Danach beginnt die nächste Dreiergruppe, wenn möglich mit anderen Liedtiteln. Die Gruppe, die am Ende die wenigsten Strafpunkte hat, gewinnt.

Variante: Die Kinder bilden mehrere kleine Gruppen, die jeweils zusammen ein Lied singen. Dies ist aber schwieriger, weil alle Kinder einer Gruppe gleichzeitig aufeinander achten müssen, um im Takt zu bleiben. Natürlich wird es auch lauter, wenn mehrere Gruppen gegeneinander ansingen.

Tipp: Je nach Alter der Kinder und Zeitumfang kann auch nur jeweils der Refrain gesungen werden.

23

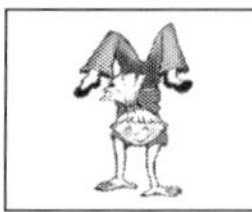
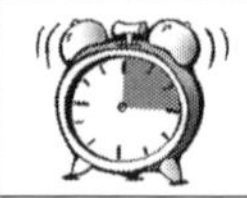

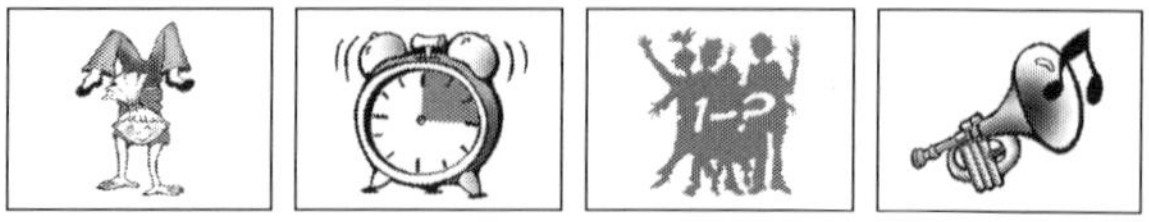

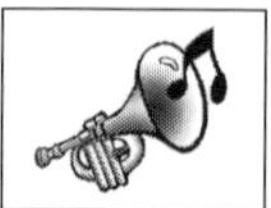

Rhythmisches Kettenspiel

Was wird benötigt: für jeden Mitspieler ein Instrument

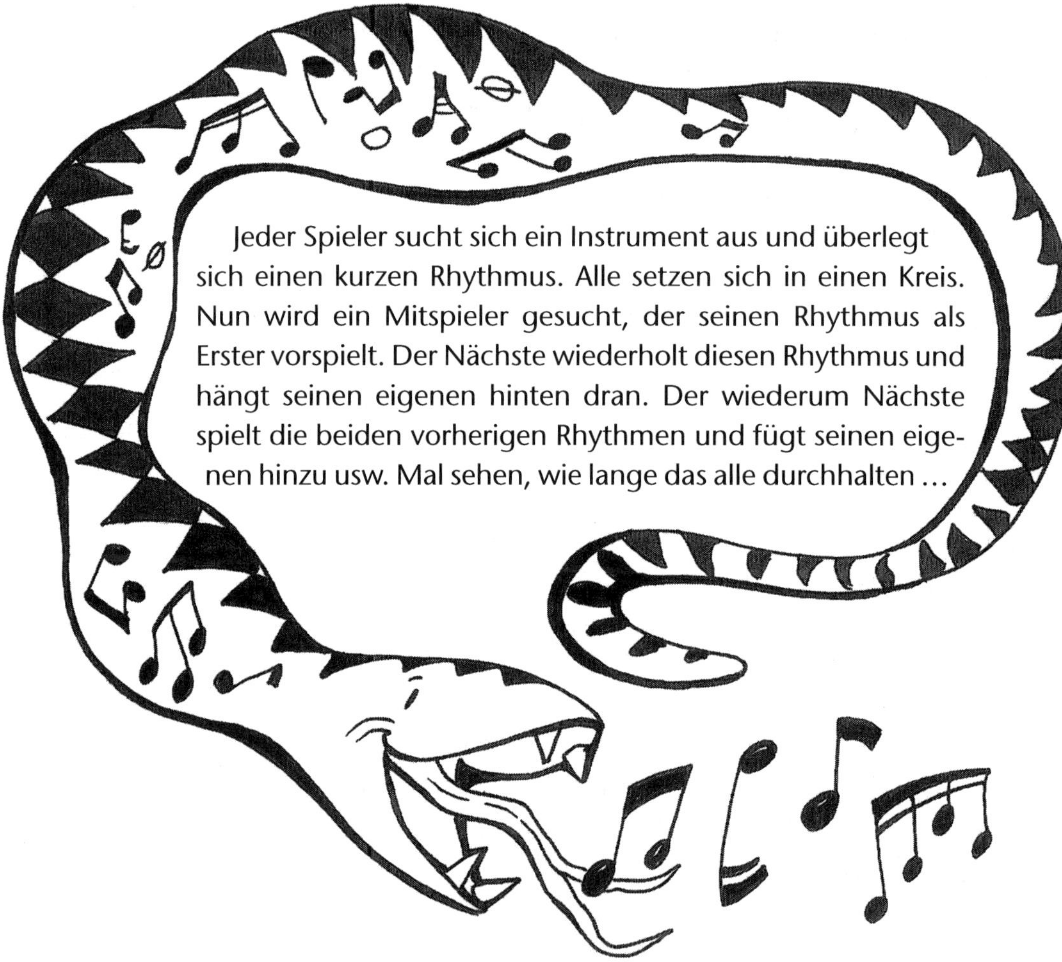

Jeder Spieler sucht sich ein Instrument aus und überlegt sich einen kurzen Rhythmus. Alle setzen sich in einen Kreis. Nun wird ein Mitspieler gesucht, der seinen Rhythmus als Erster vorspielt. Der Nächste wiederholt diesen Rhythmus und hängt seinen eigenen hinten dran. Der wiederum Nächste spielt die beiden vorherigen Rhythmen und fügt seinen eigenen hinzu usw. Mal sehen, wie lange das alle durchhalten …

24

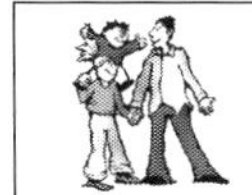
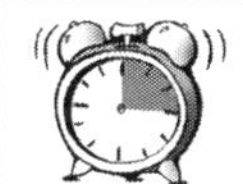

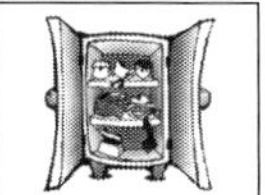

Spiegelbild

Was wird benötigt: ein Radio oder ein CD-Spieler

Alle suchen sich zunächst einen Spielpartner. Die Partner stellen sich für das Spiel einander gegenüber. Zu ruhiger Musik bewegt sich nun jeweils einer der beiden langsam und der andere versucht, die Bewegungen genau nachzumachen – wie ein Spiegel.
Nun kommt eine Runde ohne Musik: einer der Spieler singt oder spricht überdeutlich und sein Partner imitiert die Mimik so genau wie möglich. Natürlich lassen sich Bewegung und Ton auch miteinander kombinieren.
Nach ein paar Minuten tauschen die Spielpartner untereinander die Rollen.

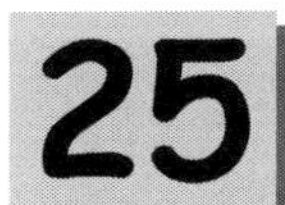

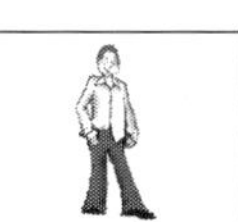
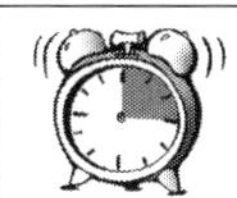

Das menschliche Xylophon

Was wird benötigt: mindestens neun Mitspieler

Eine Gruppe von acht Spielern stellt sich in einer Reihe auf: Sie stellen eine Oktave dar. Nun singen die acht eine beliebige Dur-Tonleiter – jeder einen Ton – und alle prägen sich ihre Töne genau ein, sodass sie sie jederzeit wiederholen können. So hat man ein menschliches Xylophon mit acht Stäben!
Damit die übrigen Mitspieler darauf spielen können, strecken die Sänger die Hände aus. Um das Xylophon zum Klingen zu bringen, werden die Hände der Sänger gedrückt oder berührt und der jeweilige Spieler singt seinen Ton, solange seine Hand gedrückt wird.
Jetzt darf komponiert werden: Melodien, Improvisationen und sogar zweistimmige Stücke sind möglich!

26

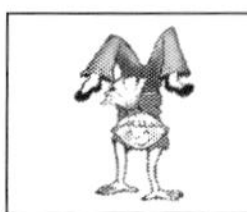
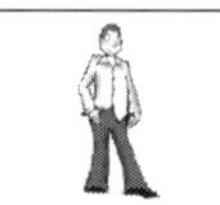
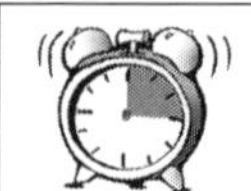

Liedfragmente ordnen

Was wird benötigt: die Anzahl der Spieler richtet sich nach dem Lied, das als Grundlage des Spiels gewählt wird: ein Lied mit acht Zeilen braucht neun Spieler usw.

Ein Spieler wird gebeten, den Raum zu verlassen. Der Spielleiter teilt ein allseits bekanntes Lied in mehrere Fragmente, der Anzahl der verbleibenden Spieler entsprechend, zum Beispiel in die einzelnen Zeilen des Liedes. Jeder Spieler bekommt nun eines der Fragmente zugeordnet. Dann verteilen sich alle im Raum. Der draußen wartende Spieler wird hereingeholt. Dies ist gleichzeitig das Zeichen für die Sänger, ihr Liedfragment dauernd zu wiederholen und dabei durch den Raum zu laufen. Der hinzugekommene Spieler versucht herauszuhören, um welches Lied es sich handelt und die Sänger in der richtigen Reihenfolge zu ordnen. Wenn alle in einer Reihe stehen, singen sie ihre Abschnitte nacheinander vor. Stehen sie richtig, ist auch das Lied wieder in der richtigen Reihenfolge zu hören und eine neue Runde kann beginnen.

Variante: Man kann das Spiel erschweren, indem alle nur la-la-la singen oder die Melodie nur summen.

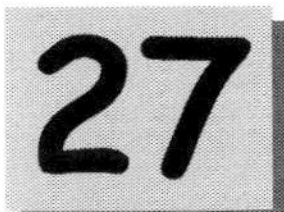

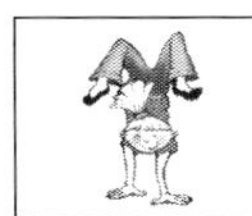

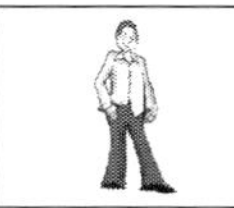

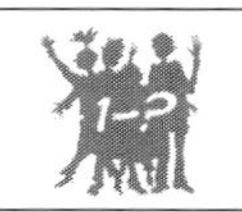

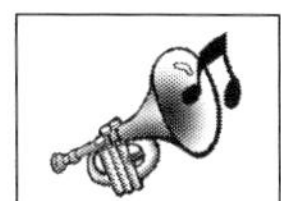

Wir erzählen Klanggeschichten

Was wird benötigt: viele unterschiedliche Instrumente

Die Gruppe sitzt in einem Kreis, in dessen Mitte viele unterschiedliche Instrumente bereitliegen. Nun beginnt ein Mitspieler die Klanggeschichte, indem er einen Satz sagt, dessen Ende er nicht ausspricht, sondern auf einem Instrument spielt. Der Nächste wiederholt dies und fügt einen neuen Satz hinzu, den er ebenfalls mit einem Klang oder Geräusch beendet.

Der erste Satz lautet zum Beispiel: „Ich ging durch die Stadt und hörte … (eine Hupe)." Der Nächste wiederholt den Satz und fügt dann an: „In einer Nebenstraße sah ich jemanden an der Haustür … (klingeln)." So geht es weiter. Die Instrumente werden immer zurückgelegt, damit alle sie zur Verfügung haben. Dann ergibt sich daraus eine lustige und spannende Geschichte!

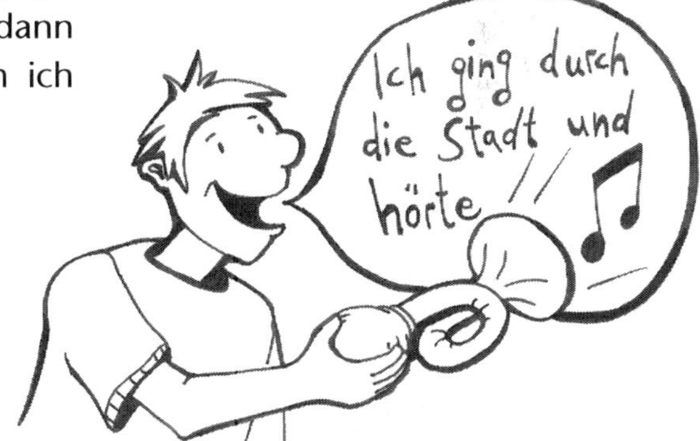

Variante: Das Spiel lässt sich etwas erschweren, indem das Thema für die Geschichte vorher festgelegt wird.

Ratespiele

Ratespiele bieten vielfältige Gestaltungsmöglichkeiten und sind inzwischen durch das Fernsehen sehr populär geworden. Gerade Kinder und Jugendliche haben viel Spaß daran, weil sie sich, einem Wettbewerb ähnlich, mit Gleichaltrigen messen und vergleichen können. Neben Gedächtnis und Erinnerungsvermögen schulen sie die Fähigkeit, sich längere Zeit mit einem Thema zu beschäftigen, weswegen sie sich auch als Einführung in ein Arbeitsfeld, als Bewertung des Wissensstandes der Gruppe oder als Abschluss eines Projektes anbieten. Dazu können die Fragen und Aufträge auf ein konkretes Themengebiet gelenkt werden. In jedem Fall kann man sich Ratespiele zunutze machen, um die Kreativität und Fantasie der Teilnehmer zu schulen.
Um den Reiz und Ansporn an den Spielen lebendig zu halten, sollte zumindest ein symbolischer Preis an den Gewinner verliehen werden. Als Gewinner können entweder einzelne Spieler oder auch Gruppen gelten. Nicht zu vergessen ist auch, dass die Spiele eine gewisse Vorbereitung verlangen: Musikbeispiele müssen besorgt oder aufgenommen, Fragen überlegt und Aufträge formuliert, eine Beurteilung und Punkteskala erfunden werden usw. Wer das Spiel von der Gruppe entwickeln und gestalten lassen will, sollte daher ausreichend Zeit einplanen.

Merkmale und Eigenschaften:

- Hörquiz: Hier sollen Musikstücke (wieder) erkannt werden, die live oder als Aufnahme zu hören sind. Am besten geeignet sind hierfür bekannte Titel und Kompositionen.
- Aktionsquiz: Hier sollen die Kinder und Jugendlichen in kleinen Gruppen unterschiedliche Aufträge erfüllen. Nach einer kurzen Vorbereitungszeit präsentieren alle ihre Ergebnisse. Dabei sollte klar sein, dass ausschließlich die Kreativität mit Punkten belohnt wird.
- Wissensquiz: Dies ist die einfachste und bekannteste Form des Ratespiels. Die vorbereiteten Fragen sollen einzeln oder in der Gruppe beantwortet werden.

Natürlich lassen sich auch alle drei Formen des Ratespiels kombinieren.

28

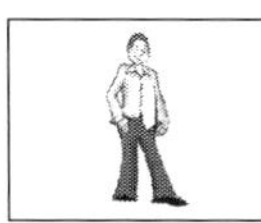
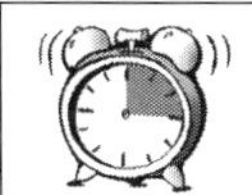
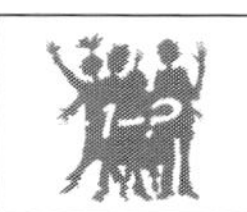

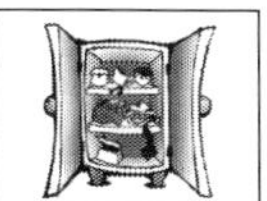

Hörquiz

Was wird benötigt: ein CD-Spieler, verschiedene Musikeinspielungen, Stift und Papier für jeden Mitspieler

Der Spielleiter moderiert das Spiel, indem er zunächst etwa eine Minute lang ein Musikstück vorspielt und anschließend eine Frage dazu stellt. Für die Beantwortung erhält jeder Mitspieler 30 Sekunden Bedenkzeit. Das Quiz kann vom Spielleiter je nach Alter und Interessen der Spieler individuell gestaltet werden. Hier sind einige Vorschläge:

Musik: Blues.
Frage: Wie nennt man diese Art von Musik?

Musik: Ein griechischer Syrtaki.
Frage: Aus welchem Land stammt diese Musik?

Musik: Ein Lied aus einem Musical, zum Beispiel „Cats".
Frage: Welchem Musical entstammt dieses Lied?

Musik: Ein aktueller Pop- oder Rocksong.
Frage: Von welcher Gruppe/welchem Sänger/welcher Sängerin ist der Titel?

Musik: Ein spanischer Flamenco.
Frage: Was tanzt man zu dieser Musik?

Musik: „Don't come around here no more" von Tom Petty and the Heartbreakers.
Frage: Welches fernöstliche Instrument wird hier gespielt?

Musik: „Der Hummelflug" von Rimsky-Korsakow.
Frage: Welches Tier wird hier musikalisch dargestellt?

29

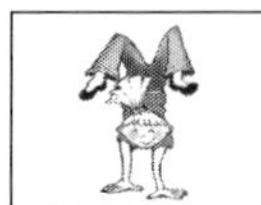
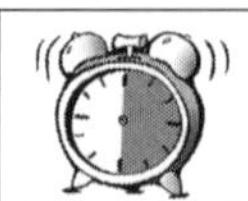

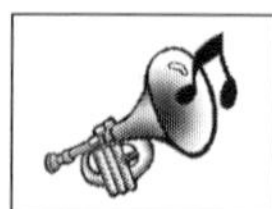

Aktionsquiz

Was wird benötigt: für jeden Mitspieler ein Instrument

Immer drei oder vier Mitspieler spielen zusammen, wobei die Aufträge entweder von allen oder nur von einem aus der Gruppe ausgeführt werden können. Im Vorfeld wird verabredet, wie viel Vorbereitungszeit es für die einzelnen Aufgaben gibt und wie viele Punkte dafür jeweils vergeben werden. Beides sagt der Spielleiter vor Beginn noch einmal an.
Hier sind einige mögliche Aufgaben für das Quiz:

1. Wer kann den Rhythmus eines Tangos klatschen?
2. Wer kann einen Dirigenten imitieren?
3. Wer kann auf einem Instrument ein Tier nachahmen?
4. Wer kann den höchsten Ton singen?
5. Wer kann einen spanischen Tänzer/eine spanische Tänzerin nachahmen, während die anderen der Gruppe den Rhythmus dazu klatschen?
6. Welche Gruppe kann drei oder vier Lieder gleichzeitig singen, ohne dass dabei einer lacht?
7. Wer kann die meisten Geräusche, die gerade zu hören sind, in dreißig Sekunden nennen?
8. Wer kann den Refrain der Nummer 1 der Charts dieser Woche singen?
9. Wer kann einen berühmten Sänger/eine berühmte Sängerin nachahmen?
10. Wer kann einen gesungenen Ton am längsten halten?

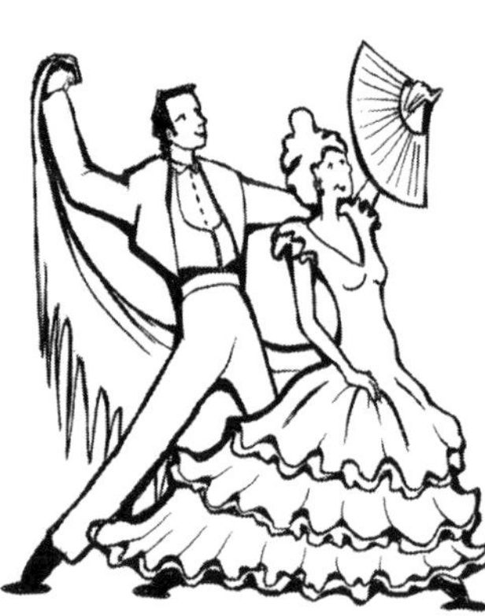

30

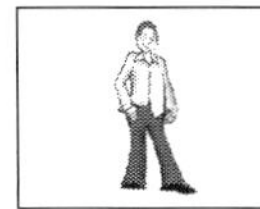

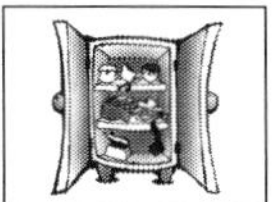

Wissensquiz

Was wird benötigt: Papier und Stifte

Dieses Quiz eignet sich gut, um die kommerziellen Aspekte des Rock- und Popgeschäftes zu thematisieren. Die korrekte Antwort der Fragen ist in dem Fall gar nicht so wichtig wie eine sich eventuell anschließende Diskussion. Mithilfe von Musikzeitschriften kann sich der Spielleiter einen guten Überblick über die aktuelle Musikszene verschaffen.

1. Welches war die meistverkaufte Single im letzten Jahr und wer der Interpret?
2. Wie viele Alben müssen verkauft werden, damit man die Goldene Schallplatte verliehen bekommt?
3. Wie viele Wochen bleibt eine Single im Durchschnitt in den Top Ten? Welcher Hit, den ihr kennt, hat es am längsten geschafft?
4. Warum gibt es Charts oder Hitlisten?
5. Wie viel verdient ein Plattengeschäft an einer CD, die einen durchschnittlichen Preis hat?
6. Wie viel verdient eine Band oder ein Solokünstler an jedem verkauften Album?
7. Wie viel verdient eine Band oder ein Solokünstler bei einem Auftritt? Was ist Minimum, was Maximum?
8. Wie viel Gage bekommt ein DJ für einen Abend?
9. Nenne drei Sänger oder Bands, die kommerzielle Musik machen.

31

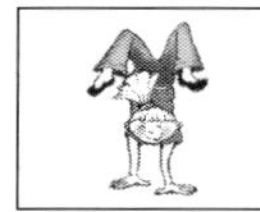
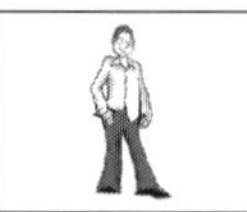
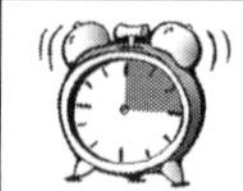

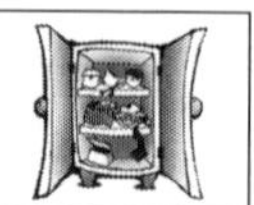

Länderquiz

Was wird benötigt: verschiedene Aufnahmen internationaler Musik, ein CD-Spieler, Stifte und Papier

Der Spielleiter spielt zehn bekannte internationale Musiktitel an oder singt sie vor. Die Spieler notieren schnell den Namen der Lieder und das Herkunftsland. Wer zuerst die richtige Antwort sagen kann, gewinnt die Runde.
Folgende Musiktitel könnten genommen werden:

Havah Naguilah (Israel)
La Cucaracha (Mexiko)
O, Susannah (USA)
Hänschen klein (Deutschland)
Frère Jacques (Frankreich)
Hare Krishna (Indien)
Perompompom (Spanien)
Santa Lucia (Italien)
Greensleeves (England)
Nkosi Sikeiei'i Africa (Südafrika)

Variante 1: Um das Spiel zu erschweren, werden entweder nur Instrumentalversionen gespielt oder die Melodien ohne Text gesummt.

Variante 2: Für jüngere Spieler sind einfachere und deutlich unterscheidbare Lieder besser, die sie nur einem Land zuordnen müssen. Oder der Spielleiter singt die erste Zeile und die Kinder ergänzen den Rest.

Spiele, die die sozialen Kompetenzen erweitern

Spiele zum Kennenlernen

Die nachfolgenden Spiele eignen sich hervorragend, um eine lockere und harmonische Atmosphäre und somit eine Basis für ein ungezwungenes Kennenlernen herzustellen. Sie sollten also vor allem zum Einsatz kommen, wenn die Gruppe sich noch nicht kennt und erste Hemmschwellen abgebaut werden sollen. Nebenbei fördern sie Spontaneität und Spaß am Spiel und befriedigen das Bedürfnis nach körperlicher Bewegung.

Merkmale und Eigenschaften:

- Es handelt sich um wirkliche Gruppenspiele, weil sie ausschließlich in der Gruppe funktionieren.
- Niemand kann hier persönlich versagen, weil alle zusammen spielen und niemand sich alleine darzustellen braucht.
- Die meisten dieser Spiele sind einfach strukturiert und dauern nicht lange.
- Meist basieren die Spiele auf bekannten Spielformen wie Fangen, Quartett oder der Reise nach Jerusalem.

32

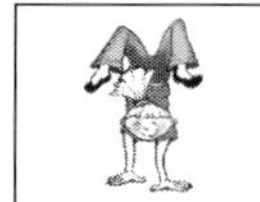
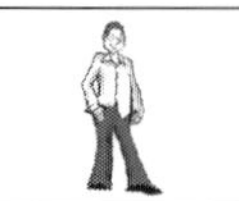
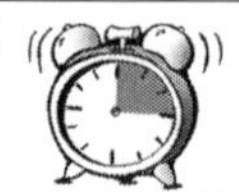

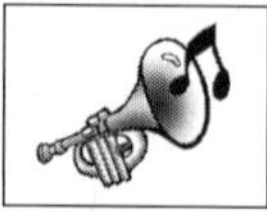
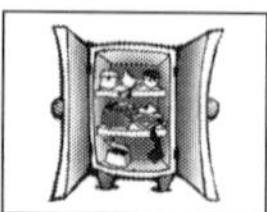

Störsender

Was wird benötigt: mindestens sechs Mitspieler, einige Instrumente, eine Trillerpfeife, ein Raum, in dem man laut sein kann, ohne andere zu stören

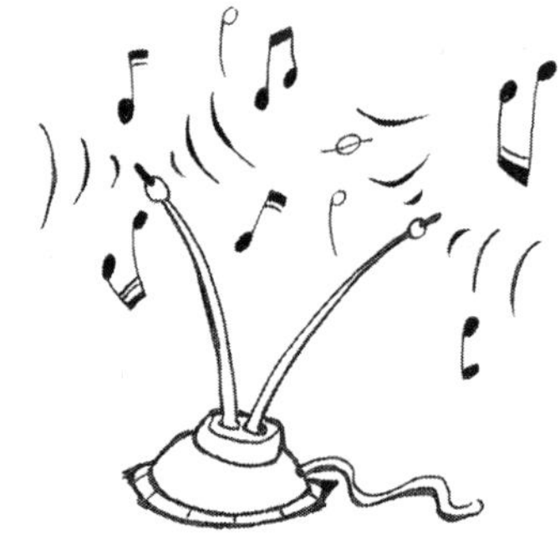

Zunächst werden drei gleich große Gruppen gebildet. Gruppe A ist der Sender, sie stellt sich an eine Wand des Raumes. Gruppe B ist der Empfänger und stellt sich an die gegenüberliegende Wand. Gruppe C ist der Störsender und stellt sich dazwischen. Gruppe C hat auch die Instrumente.

Gruppe A sucht sich nun ein bekanntes Lied aus und sendet es an Gruppe B, indem sie die Melodie ohne den Text singt. Gruppe B soll den gesungenen Titel so schnell wie möglich erkennen. Gruppe C in der Mitte versucht das allerdings zu verhindern, indem sie auf den Instrumenten so viel Krach wie möglich macht.

Beginn und Ende jeder Spielrunde werden durch den Spielleiter mit einer Trillerpfeife signalisiert. Jede Runde sollte höchstens 30–60 Sekunden dauern.

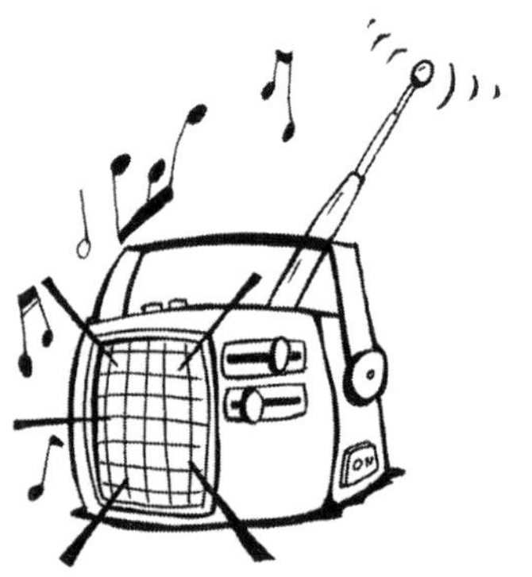

Um einen Gewinner ermitteln zu können, wird jedes Mal die Zeit gestoppt, die Gruppe B braucht, um den richtigen Titel zu erkennen. Erkennt sie ihn nicht, zählt die Höchstzeit und die Gruppen wechseln die Rollen.

Insgesamt sollte jede Gruppe höchstens drei Mal Empfänger sein. Wer am Ende insgesamt die geringste Zeit gebraucht hat, die Lieder zu erkennen, hat gewonnen.

Tipp: Um sich Ärger mit Nachbarn zu ersparen, sollten Dauer und Geräuschpegel des Spiels vorher abgeklärt werden, denn man kann sich hier wunderbar austoben!

33

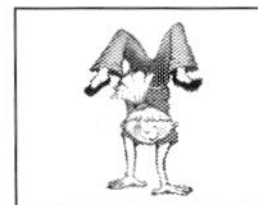
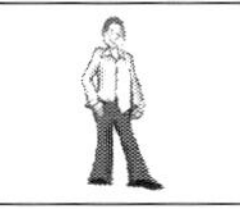
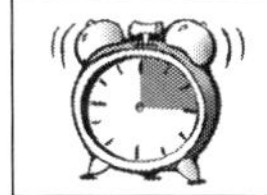
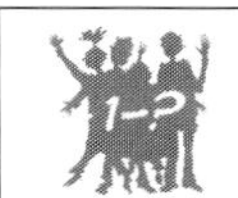

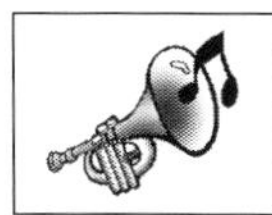
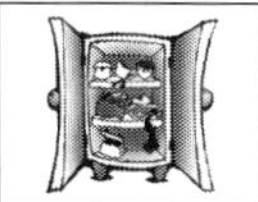

Schnelle Instrumente

Was wird benötigt: Instrumente, ein CD-Spieler

Die Mitspieler stellen sich alle in einen Kreis. Außen um sie herum werden die Instrumente verteilt, eines weniger als die Anzahl der Spieler. Der Spielleiter lässt nun Musik laufen und alle tanzen oder gehen im Kreis herum. Plötzlich stoppt der Spielleiter die Musik – und jeder nimmt schnell eines der Instrumente in die Hand. Derjenige, der kein Instrument bekommen hat, wartet, bis alle die Instrumente zurückgelegt haben, sucht sich dann eines aus, tritt aus dem Kreis und begleitet damit nun die Musik. Der Nächste, der kein Instrument bekommt, macht es genauso usw., bis nur noch ein Spieler im Kreis übrig ist. Dieser hat die Runde gewonnen und darf in der nächsten Runde zum Beispiel die Rolle des Spielleiters übernehmen oder Variationsvorschläge machen.

Tipp: Mit diesem Spiel lässt sich allen Beteiligten gut die Angst vorm Improvisieren nehmen. Um den Einstieg zu erleichtern, kann auch zunächst unabhängig von der eingespielten Musik improvisiert werden. Oder der Spielleiter singt zusätzlich mit.

34

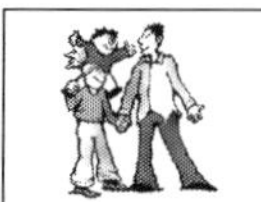
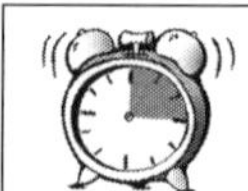
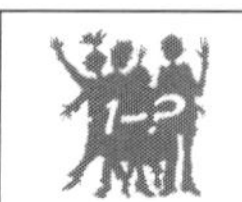
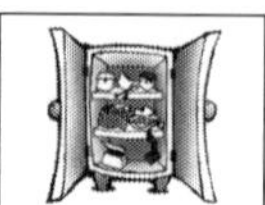

Lied gesucht!

Was wird benötigt: mindestens sechs bis neun Mitspieler, Kärtchen, auf denen Liedtitel notiert sind, eine Trillerpfeife

Für dieses Spiel bereitet der Spielleiter zunächst Kärtchen mit bekannten Liedtiteln entsprechend der Anzahl der Spieler vor. Von jedem Titel sollten drei Karten vorhanden sein. Dann werden die Karten in einer Box oder Dose gemischt. Nun darf jeder Mitspieler einen Liedtitel ziehen.
Wenn der Spielleiter mit der Trillerpfeife das Signal gibt, beginnen alle, ihr Lied zu singen und dabei im Raum umherzulaufen. Entdecken sich zwei, die dasselbe Lied singen, nehmen sie sich an den Händen, während sie weiterlaufen. Dies geht so lange, bis sich die entsprechenden Gruppen gebildet haben.

Tipp: Als abschließender Spaß kann zum Beispiel Gruppe A in der Mitte des Raumes ihr Lied vorsingen, während Gruppe B sie instrumental begleitet. Gruppe C improvisiert dazu einen Tanz. Danach werden die Rollen getauscht.

35

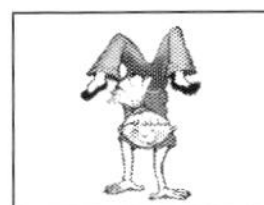
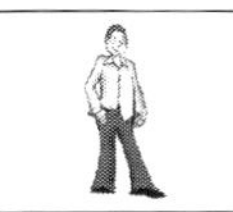
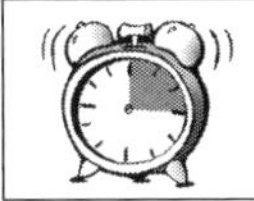
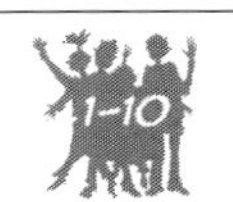

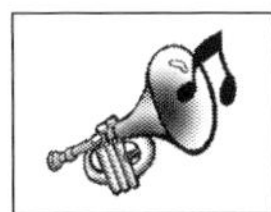
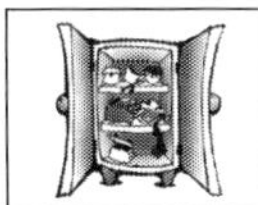

Instrumentenjagd

Was wird benötigt: für jeden Mitspieler ein Instrument, eine Zeitung, Tafel und Kreide oder große Papierbögen und Filzer

Alle Spieler suchen sich zunächst ein Instrument aus und setzen sich dann in einem Kreis zusammen. Jeder wiederholt mehrfach den Namen seines Instrumentes, bis allen klar ist, welches Instrument zu welchem Spieler gehört. Ein Mitspieler stellt sich dann in die Mitte mit einer zusammengerollten Zeitung in der Hand.

Nun macht einer den Anfang und nennt eines der Instrumente aus der Runde. Mit der Zeitung versucht der Spieler in der Mitte denjenigen anzutippen, bei dem dieses Instrument ist. Der allerdings muss schnell genug sein und, bevor er angetippt wird, ein anderes Instrument nennen usw. Gelingt dies, bleibt er sitzen, sonst muss er in die Mitte.

Variante: Ist die Gruppe sehr groß, sodass auch der Kreis größer wird, muss auf dem genannten Instrument erst ein Ton gespielt worden sein, bevor der Mitspieler angetippt wird.

Tipp: Bei jüngeren Spielern kann man zusätzlich die Namen und das jeweils ausgewählte Instrument groß an die Tafel schreiben. Sobald die anfängliche Spannung nachlässt, sollte das Spiel beendet werden.

36

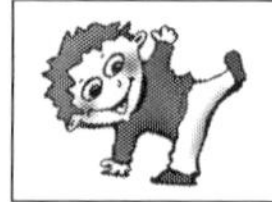

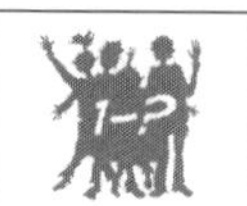

Katzenjammer

Was wird benötigt: mindestens neun Mitspieler

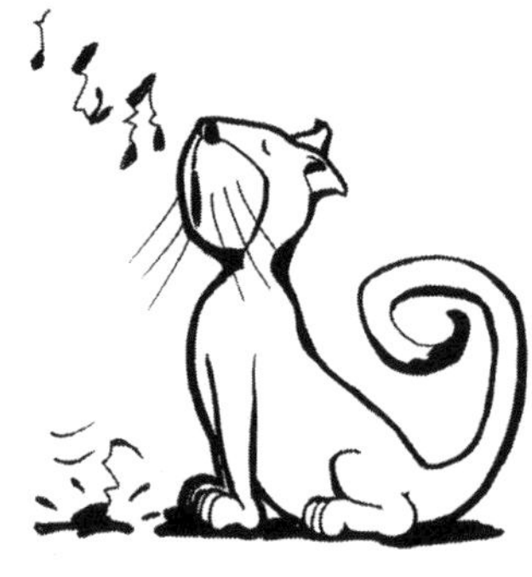

Der Spielleiter wählt ein einfaches Lied oder einen Kinderreim, den alle zusammen singen. Im Anschluss denken sich immer zwei oder drei Kinder zusammen einen Tierlaut aus, mit dem das Lied gesungen werden könnte. Das probieren alle Gruppen erst einmal aus, um sicherzugehen, dass jeder Laut nur einmal vorkommt und dass er zu der Melodie auch singbar ist. Der Spielleiter wird dann zum Dirigenten. Er zeigt jeweils auf die Gruppe, die eine Zeile des Liedes mit ihrem Tierlaut singen soll. Dabei müssen alle im richtigen Tempo und Rhythmus bleiben.

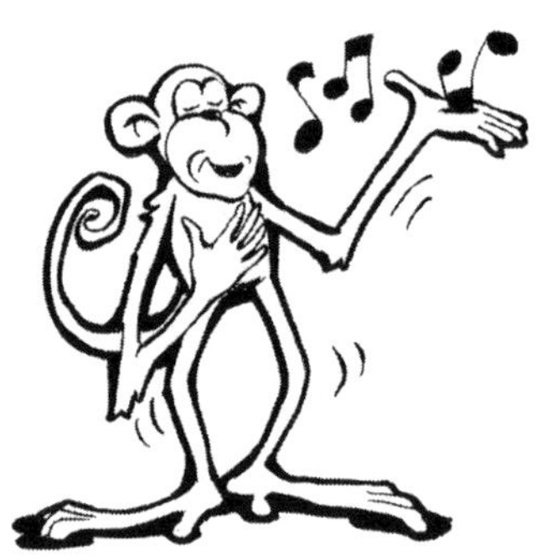

Tipp: Dieses Spiel ist ziemlich lustig. Es eignet sich deshalb gut als Aufwärmübung für andere Spiele. Allerdings sollte es nur so lange dauern, wie es allen Spaß macht, sonst verliert es seinen Reiz.

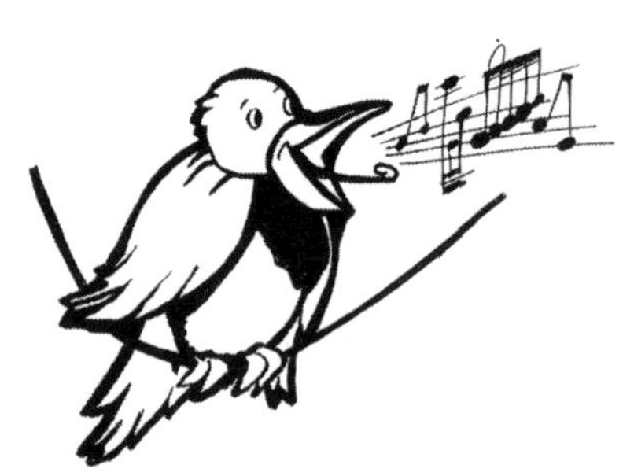

37

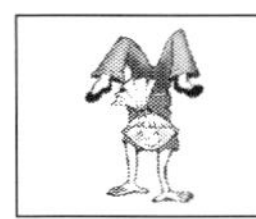

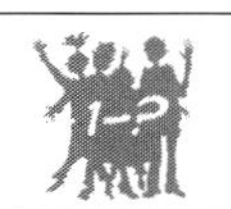
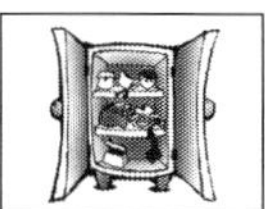

Mein Instrument - dein Instrument

Was wird benötigt: Tafel und Kreide oder große Papierbögen und Filzer

Alle Mitspieler sitzen im Kreis und jeder denkt an ein Instrument. Damit alle wissen, wer welches Instrument gewählt hat, wiederholen alle der Reihe nach ihren Instrumentennamen mehrfach.
Grundlage des Spiels ist eine bestimmte Bewegungsabfolge, die gemeinsam gleichmäßig im 4/4-Takt ausgeführt wird: Die linke Hand klatscht auf das linke Knie, dann klatscht die rechte Hand auf das rechte Knie, dann zeigt der linke Daumen über die linke Schulter und danach der rechte Daumen über die rechte Schulter. Dies wird erst mal geübt!
Nun beginnt das eigentliche Spiel: Ein Spieler nennt sein Instrument – und zwar genau in dem Moment, in dem alle mit dem linken Daumen über die linke Schulter zeigen (dritte Zählzeit). Dann sagt er den Namen eines anderen Instrumentes aus der Runde – und zwar genau dann, wenn alle mit dem rechten Daumen über die rechte Schulter zeigen (vierte Zählzeit). Derjenige, dessen Instrument genannt wurde, macht genauso weiter. Niemand darf aber etwas sagen, wenn geklatscht wird, also in den ersten zwei Zählzeiten. Wer einen Fehler macht oder aus dem Rhythmus kommt, verlässt den Kreis und sein Instrument spielt nicht mehr mit.

Tipp: Bei sehr großen Gruppen oder bei jüngeren Mitspielern kann man die Namen und jeweiligen Instrumente zusätzlich an die Tafel schreiben. Das Spiel sollte nur so lange dauern, wie es allen Spaß macht. Dann stärkt es gut das Rhythmusgefühl.

38

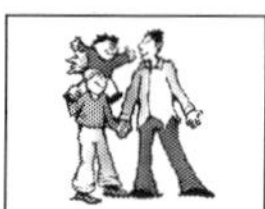
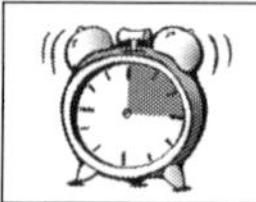

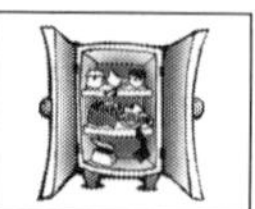

Hutspiel

Was wird benötigt: ein Hut, Stühle, ein CD-Spieler

Alle setzen sich für dieses Spiel in einem engen Kreis hintereinander. Ein Mitspieler bekommt den Hut. Während der Spielleiter nun Musik laufen lässt, setzt der Spieler mit dem Hut diesen seinem Vordermann auf, der tut dasselbe usw. Wenn die Musik stoppt, ist derjenige, der den Hut gerade trägt oder ihn in den Händen hält, ausgeschieden und muss den Kreis mit seinem Stuhl verlassen. Der Nächste gibt dann den Hut wieder weiter, bis nur noch ein Spieler übrig ist, der die Runde gewonnen hat.

Tipp: Dieses Spiel eignet sich toll für alle Feste und Partys. Wer gewonnen hat, kann zum Beispiel einen Preis verliehen bekommen oder darf in der nächsten Runde oder dem nächsten Spiel eine besondere Aufgabe übernehmen.

39

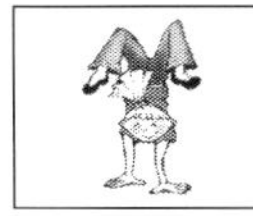
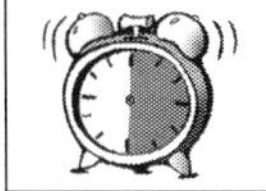
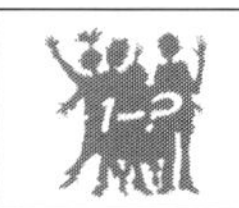

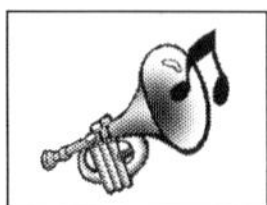

Instrumente-Fangen

Was wird benötigt: zwei jeweils gleiche Instrumente, ein Außengelände, auf dem man sich verstecken kann

Die Mitspieler teilen sich in zwei gleich große Gruppen auf, die beide die jeweils gleichen Instrumente bekommen. Alle Spieler aus Gruppe A verstecken sich nun mit ihren Instrumenten draußen. Sind sie nicht mehr zu sehen, kommt Gruppe B dazu. Ein Mitspieler aus Gruppe B spielt kurz auf seinem Instrument. Wer aus Gruppe A darin sein eigenes Instrument erkennt, antwortet darauf. Gruppe B versucht nun, dem Gehör nach den entsprechenden Spieler aus Gruppe A zu fangen.
Wer gefangen wurde, nimmt außerhalb des Spielfeldes Platz. Dann spielt der Nächste aus Gruppe B auf seinem Instrument und wartet auf Antwort aus Gruppe A. So geht es weiter, bis alle aus Gruppe A gefangen wurden. Dann werden die Rollen getauscht.

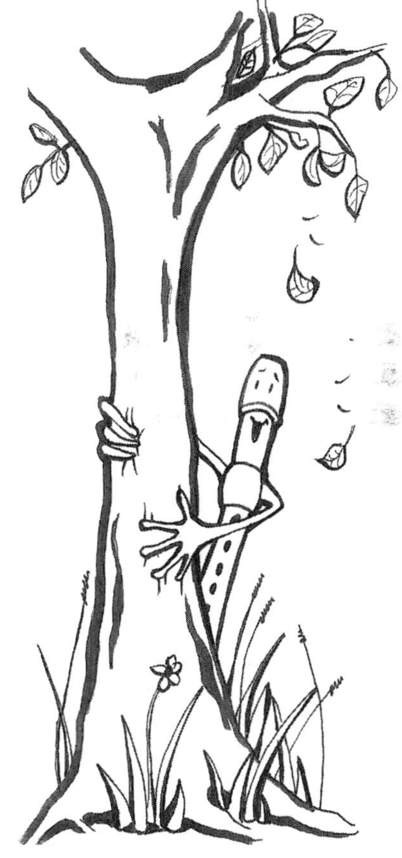

Tipp: Dieses Spiel macht nur bei gutem Wetter richtig Spaß. Am besten sucht man sich eine bewaldete Fläche, wo andere nicht gestört werden.

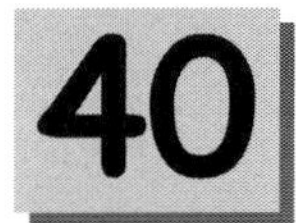

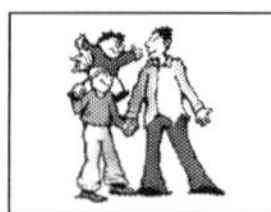

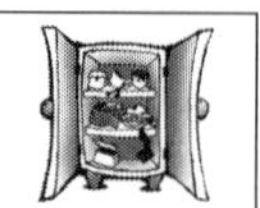

„Ich sitze im Gras und ich höre ..."

Was wird benötigt: Stühle

Alle Mitspieler setzen sich in einen Kreis, ein Stuhl bleibt dabei leer. Jeder denkt sich einen Instrumentennamen aus und sagt ihn allen laut. Das Spiel besteht nun darin, auf den Stühlen weiterzurücken. Derjenige, der neben dem leeren Stuhl sitzt, fängt an und sagt, während er weiterrückt: „Ich sitze ...", dann nimmt der Nächste den nun frei gewordenen Stuhl ein und sagt: „... im Gras ..." und wieder rückt der Nachbar weiter und sagt: „... und ich höre ..." und dann rückt der Letzte der Runde weiter und macht den Klang eines der genannten Instrumente nach. Wer darin sein Instrument erkennt, steht auf und nimmt den leeren Platz ein.
In diesem Moment geht alles von vorne los: Nun rückt wieder der, der neben dem frei gewordenen Stuhl sitzt, weiter und sagt: „Ich sitze ..." usw. Dies dauert so lange, bis einer sich im Text irrt oder vergisst weiterzurücken, bis jemand beim falschen Instrument wechselt oder nach Ansicht des Spielleiters zu langsam reagiert. Wenn das passiert, verlässt der Mitspieler mit seinem Stuhl den Kreis. Man kann entweder spielen, bis nur noch drei oder vier Spieler übrig sind oder bis zu einem vereinbarten Zeitpunkt. Der Spielleiter sollte darauf achten, dass alle eine Weile zusammen spielen, bevor die ersten den Kreis verlassen.

Tipp: Um Missverständnissen vorzubeugen, sollte vorher verabredet werden, in welche Richtung man weiterrückt und zudem sollte jeder vor Beginn der ersten Runde sein Instrument einmal selbst imitiert haben.

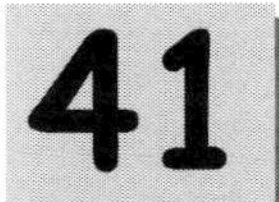

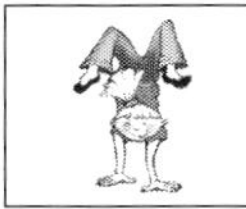 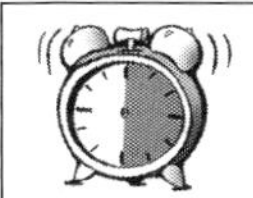 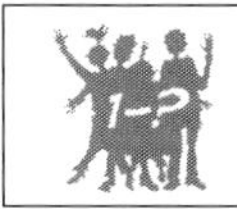 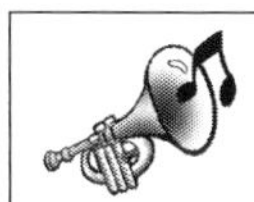 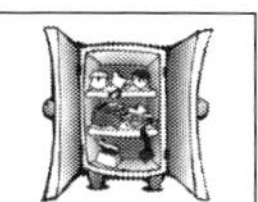

Instrumententausch

Was wird benötigt: Schlaginstrumente und Schlägel (einer weniger als die Anzahl der Spieler), Karten mit Liedtiteln, eine Trillerpfeife, ein großer Raum oder Platz draußen

Die Schlaginstrumente werden mit einigem Abstand im Raum oder draußen verteilt. Neben jedem Instrument liegt ein Kärtchen mit einem bekannten Liedtitel und ein Schlägel. Bis auf einen Mitspieler suchen sich alle einen Platz neben einem der Instrumente. Nun geht es um Schnelligkeit: Der Spielleiter gibt das Zeichen, dass alle auf ihrem Instrument das angegebene Lied spielen. Wer fertig ist, legt den Schlägel zurück und wartet auf den Nächsten, der sein Lied beendet hat. Die beiden versuchen, so schnell wie möglich die Plätze zu tauschen. Der Mitspieler aber, der kein Instrument hat, versucht schneller bei einem der Instrumente zu sein. Wer den Schlägel als Erstes in der Hand hält, darf auf dem Instrument spielen, der andere muss versuchen, den nächsten freien Schlägel zu erwischen.

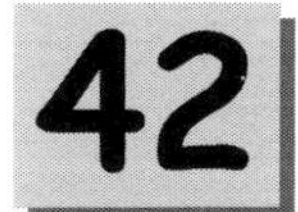

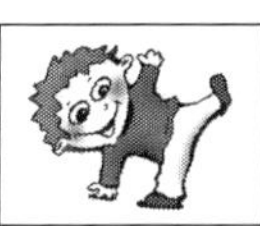 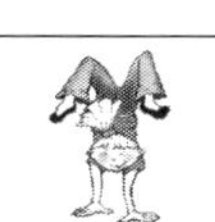 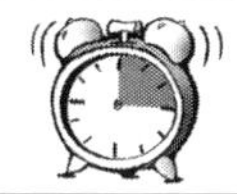  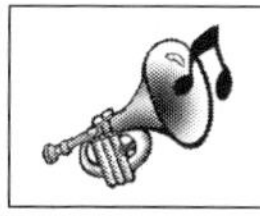 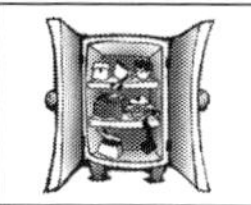

Schlüsseltanz

Was wird benötigt: ein großer Tisch, Instrumente, ein Schlüssel

Die Spieler sitzen im Kreis und haben alle ihre Hände unter dem Tisch. Der Spielleiter beginnt, ein bekanntes Lied zu singen, in das alle einstimmen. Währenddessen wird der Schlüssel unter dem Tisch weitergegeben. Derjenige, der ihn bei der letzten Note des Liedes in der Hand hält, muss den Kreis verlassen und die anderen während der nächsten Runden auf einem Instrument begleiten. Am meisten Spaß macht es natürlich, wenn jedes Mal ein anderes Lied gesungen wird. Wer als Letzter noch am Tisch sitzt, hat gewonnen.

43

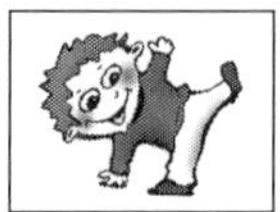
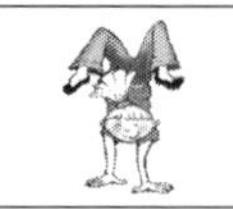

Musikalisches Fangspiel

Was wird benötigt: eine große Spielfläche im Freien

Zunächst wird das Spielfeld vorbereitet: Man teilt eine Fläche von ungefähr 15 × 30 Metern durch eine deutliche Markierung in zwei gleich große Felder. Die Mitspieler teilen sich ebenfalls in zwei gleich große Gruppen auf. Jede Gruppe bekommt ein Feld zugeteilt.
Nun holt ein Spieler aus Gruppe A tief Luft und singt einen Ton deutlich hörbar, so lange er ihn halten kann, ohne dabei zu unterbrechen. Währenddessen läuft er ins Feld von Gruppe B und versucht, so viele von ihnen wie möglich zu fangen. Wer gefangen wurde, muss das Spielfeld verlassen. Kommt der Sänger jedoch nicht in sein eigenes Feld zurück, bevor ihm die Puste ausgeht, ist er derjenige, der das Spielfeld verlassen muss und alle, die er gefangen hat, sind wieder frei. Man darf wegrennen und ausweichen, um nicht gefangen zu werden, aber niemand darf sein eigenes Feld dabei verlassen. Läuft jemand über die Grenzlinien, scheidet er aus.
Dann wird getauscht: Nun singt jemand aus Gruppe B einen Ton und versucht, möglichst viele der anderen Gruppe zu fangen. Das wird so lange fortgesetzt, bis alle Spieler einer Gruppe gefangen wurden. Die andere Gruppe hat gewonnen.

Variante: Noch mehr Spannung bekommt das Spiel, wenn der Sänger von der gegnerischen Gruppe gefangen werden darf, sobald ihm die Puste auf deren Feld ausgeht. Gelingt der anderen Gruppe das, ist der Fänger ausgeschieden und alle anderen sind wieder frei.

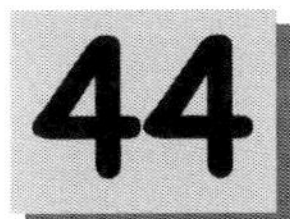

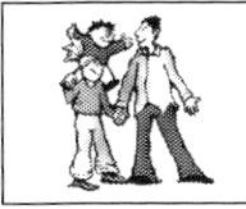

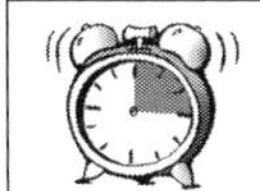

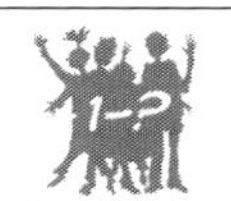

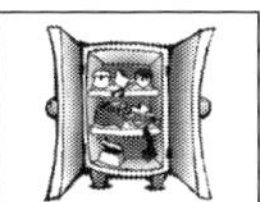

Lebendes Quartett

Was wird benötigt: Karteikarten und Stifte, Tafel und Kreide oder große Papierbögen und Filzer

Jeder Mitspieler notiert für die anderen unsichtbar auf einer Karte den Namen eines berühmten Sängers oder einer Sängerin. Die Karten werden gefaltet und vom Spielleiter eingesammelt. Während des Spiels verkörpert nun jeder den Künstler, den er sich ausgesucht hat.
Die Spieler teilen sich in kleinere Gruppen zu je vier oder fünf Mitspielern auf und setzen sich dabei abseits voneinander hin. Der Spielleiter liest die aufgeschriebenen Namen laut vor oder schreibt sie an die Tafel. Bei doppelten Namen wählen die beiden einen anderen Künstler.
Gruppe A beginnt nun, indem sie eine andere Gruppe nach einem bestimmten Sänger oder einer Sängerin fragt. Ist dieser/diese dabei, wechselt der entsprechende Mitspieler zu der Gruppe. Ist die gesuchte Person aber nicht dabei, darf die gefragte Gruppe nach einer Person suchen. Das Spiel ist beendet, wenn jeder Spieler in einer anderen Gruppe gelandet ist.

Variante: Entdeckt eine Gruppe die gesuchte Person in einer anderen Gruppe, wird ein Lied von ihr gesungen, bevor der betreffende Mitspieler wechselt.

Tipp: Fragen zu den Spielregeln, zum Beispiel, ob derjenige, der eine Gruppe wechselt, mit der alten oder neuen Gruppe solidarisch sein sollte, klärt der Spielleiter am besten spontan.

45

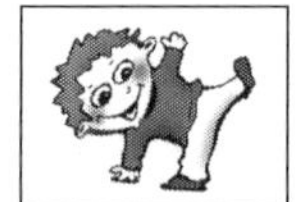
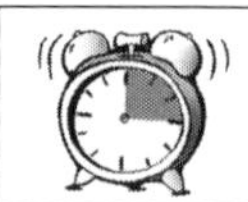

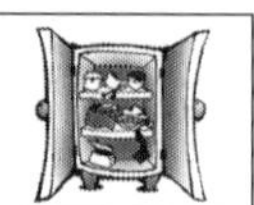

Instrumentenquartett

Was wird benötigt: 16 bis 20 unbeschriftete Karten in der Größe von Spielkarten

Zunächst werden die Spielkarten hergestellt: Auf je vier Karten wird dasselbe Instrument gezeichnet, nur jedes Mal in einer anderen Farbe. Zum Beispiel gibt es je vier Karten mit einer Trommel, mit einer Gitarre, mit Bongos, mit einer Triangel usw., jedes Instrument einmal in Rot, einmal in Blau, einmal in Grün und einmal in Gelb. Insgesamt hat man so am Ende vier oder fünf Spielsätze.

Die fertigen Karten werden gemischt und ausgeteilt. Das Ziel ist, vollständige Quartette, also immer alle Karten eines Instrumentes zu bekommen. Dazu fragt man einen Mitspieler nach der Karte, die einem gerade fehlt, indem man die gewünschte Farbe nennt und das Geräusch des Instrumentes imitiert. Die Geräusche sollten vorher festgelegt werden, für die Trommel zum Beispiel „Bomm Bomm", für die Triangel „Ting Ting" usw.

Hat der entsprechende Mitspieler die Karte, darf man weiterfragen. War das Instrument aber nicht richtig imitiert oder der Mitspieler hat die Karte nicht, ist dieser an der Reihe. Wer am Ende die meisten Quartette hat, ist Gewinner.

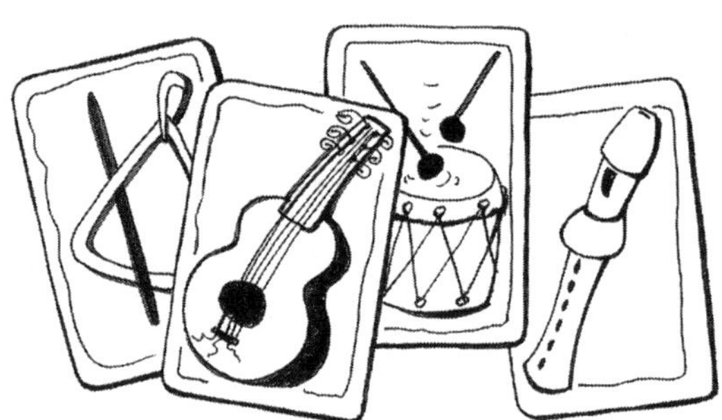

Tipp: Besonders viel Spaß macht das Quartett, wenn vorher alle zusammen die Spielkarten hergestellt haben.

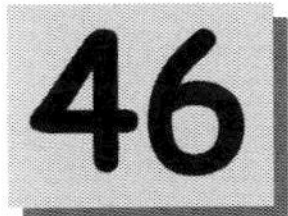 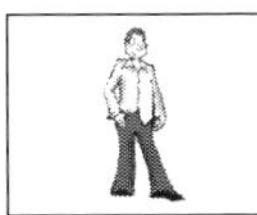 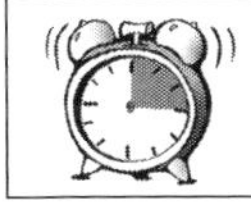 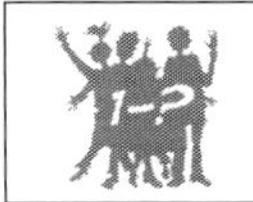 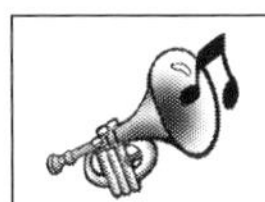 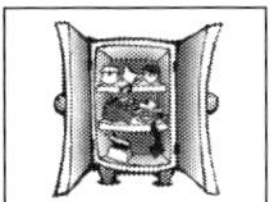

Rhythmusquartett

Was wird benötigt: vier oder fünf Instrumente, 16 bis 20 unbeschriftete Karten in der Größe von Spielkarten

Zunächst bastelt man vier oder fünf Kartensätze: Auf je vier Karten zeichnet man ein Instrument, das man für das Spiel zur Verfügung hat und daneben je einen von vier Rhythmen, zum Beispiel:

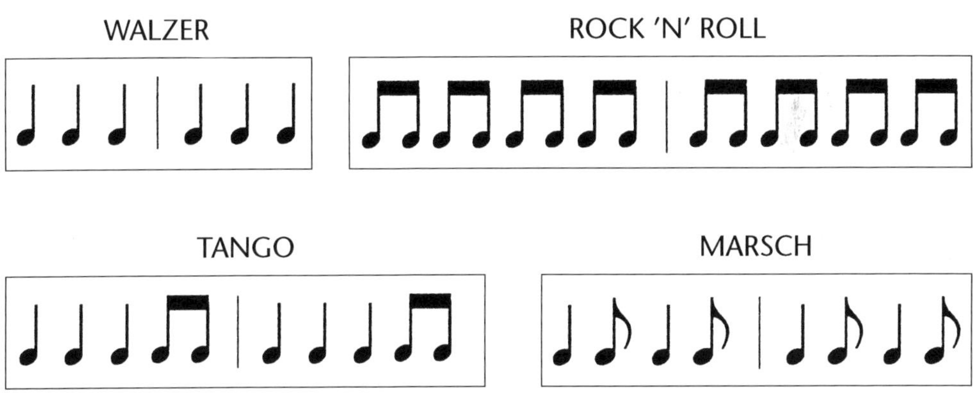

So hat man auf jeder Karte eine andere Kombination aus einem Instrument und einem Rhythmus.
Die Karten werden gemischt und ausgeteilt. Zwischen den Spielern liegen die Instrumente bereit. Jeder versucht nun, so viele vollständige Quartette wie möglich zu bekommen. Dazu fragt man einen Mitspieler nach einer bestimmten Karte, indem man den fehlenden Rhythmus auf dem gewünschten Instrument vorspielt. Fehlt zum Beispiel der Tangorhythmus auf der Trommel, wird dieser auf der Trommel vorgespielt. Die Rhythmen sollten vorher, wenn nötig, geübt werden.
Das Spiel wird genauso fortgesetzt wie Spiel 45.

Interaktionsspiele

Ziel dieser Spiele ist, dass Kinder und Jugendliche mehr aufeinander eingehen und besser aufeinander reagieren, obwohl ihnen der Ausgang einer Situation noch unbekannt ist. Deshalb ist hier das Spielergebnis weniger von Belang als die gelungene Interaktion zwischen den Teilnehmern. Durch die Spiele werden sie herausgefordert, auf die Initiative anderer einzugehen und auch selbst initiativ zu werden. Gerade bei jüngeren Kindern sind diese Spiele sehr beliebt, weil sie zugleich das natürliche Bedürfnis nach Bewegung und Tanz befriedigen.

Merkmale und Eigenschaften:

- In den meisten Fällen handelt es sich um Bewegungsspiele, die weitestgehend frei gestaltet werden können.
- Musik ist nicht unbedingt notwendig, aber eine gute Stütze, die das Spiel in Schwung hält.
- Die Spiele beruhen hauptsächlich auf einer funktionierenden Interaktion der Kinder untereinander und versprechen kein Endergebnis oder einen Gewinner.

47

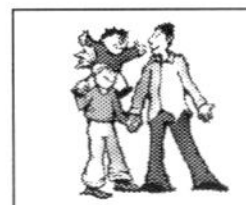

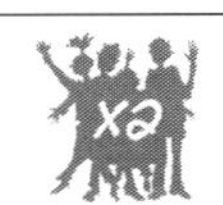

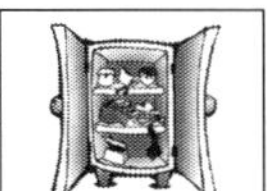

Lebendiger Spiegel

Was wird benötigt: ein CD-Spieler

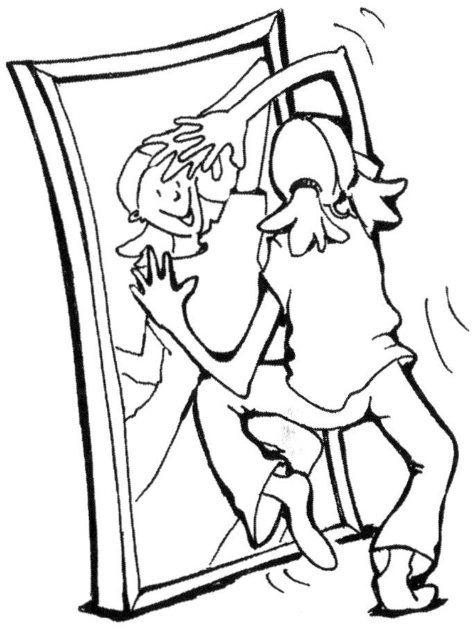

Jeder sucht sich einen Spielpartner. Alle Paare stellen sich mit genügend Abstand zu den anderen Paaren einander gegenüber, sodass sich beide Spieler ansehen.
Jedes Paar entscheidet, wer als erstes der Spiegel sein soll. Dazu macht sein Gegenüber zur Musik ruhige, langsame Bewegungen mit den Armen und dem Oberkörper und der andere versucht, diese Bewegungen genau nachzumachen – wie ein Spiegel eben. Das Ganze geht auch mal spiegelverkehrt, also in die jeweils andere Richtung.
Die Paare sollten aber ihre ursprünglichen Positionen nicht verlassen und die Bewegungen sollten ruhig bleiben. Nach ein paar Minuten werden die Rollen getauscht.

Tipp: Der Spielleiter sollte im Auge behalten, dass niemand zu schnell in seinen Bewegungen wird. Wenn jemand in der Gruppe ist, dessen Bewegungen sehr einfallsreich sind und er Lust hat, kann er diese auch für die ganze Gruppe machen.

48

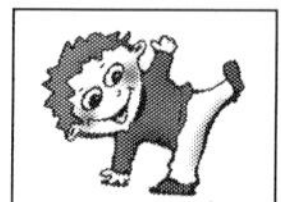
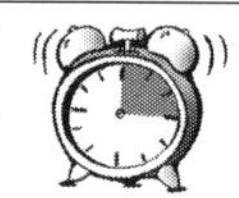
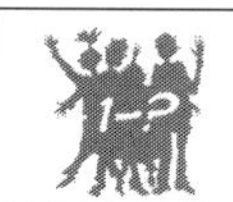

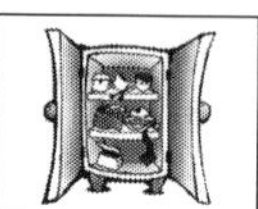

Formen bilden

Was wird benötigt: ein CD-Spieler

Zu ruhiger Musik laufen die Kinder im Raum umher. Der Spielleiter stoppt die Musik plötzlich und nennt dann laut eine Form, zum Beispiel „Kreis“. Die Gruppe versucht, die Form so schnell wie möglich zu bilden, ohne sich vorher abzusprechen. Der Spielleiter stoppt die Zeit. Dauert es zu lange, bis eine schöne Form entstanden ist, wird die Runde wiederholt, sonst werden andere Figuren ausprobiert, zum Beispiel eine gerade Linie, ein Quadrat, ein Halbmond oder ein Dreieck.

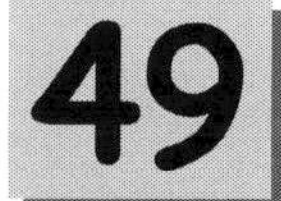

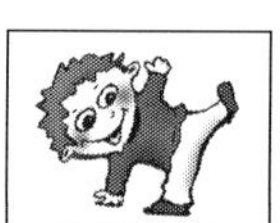
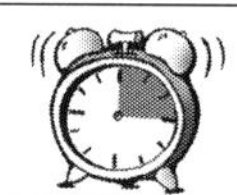
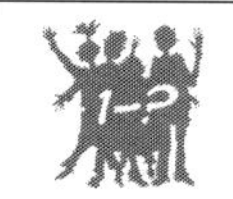

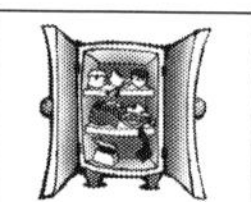

Lebendes Bild

Was wird benötigt: ein CD-Spieler, Zettel mit Nummern

Jedes Kind darf eine Nummer ziehen und alle laufen oder tanzen zusammen zu Musik im Kreis. Auf ein Zeichen des Spielleiters tritt das Kind mit der Ziffer 1 aus dem Kreis in die Mitte und nimmt dort eine beliebige Pose im Stehen, Sitzen oder Liegen ein. Diese Position muss aber bis zum Ende der Spielrunde gehalten werden können! Auf ein weiteres Zeichen kommt Nummer 2 hinzu und erfindet eine Pose, dann Nummer 3 usw. Damit daraus aber ein lebendes Bild entsteht, müssen die Kinder alle miteinander in Berührung sein.

Tipp: Kinder finden es toll, wenn sie das lebende Bild hinterher auf einem Foto betrachten können.

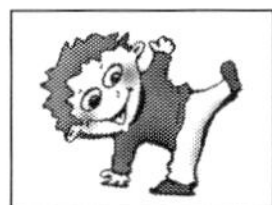 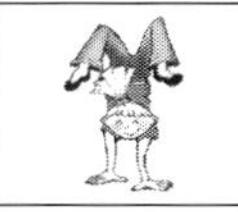 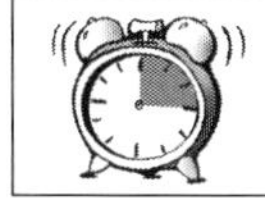 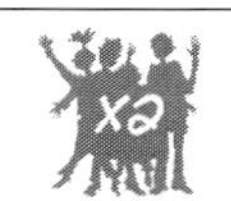 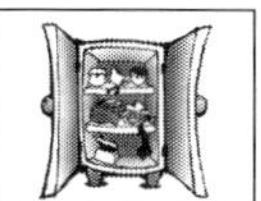

Lenken und folgen

Was wird benötigt: ein CD-Spieler

Zunächst finden sich Spielpartner zusammen, die sich einigen, wer im Spiel als Erster lenken und wer als Erster folgen will. Die Paare verteilen sich im ganzen Raum. Beide Spielpartner legen nun ihre Handflächen aufeinander, ohne sich dabei aber festzuhalten. Derjenige, der lenkt, streckt dazu seine rechte Hand schulterhoch aus, wer folgt, seine linke. Nun gehen und drehen sich alle Paare zu Musik, wobei der Führende die Richtung vorgibt. Dabei darf aber niemand den Handkontakt zu seinem Partner verlieren. Nach ein paar Minuten werden die Rollen gewechselt.

Variante 1: Die Spielpartner stellen sich vor, dass ihre Hände durch zwei Stricke miteinander verbunden sind, ohne sich dabei zu berühren. Während sie sich bewegen, achten sie darauf, dass sich der Abstand zwischen ihren Händen nicht verändert.

Variante 2: Man kann auf diese Weise auch einmal zu dritt oder viert versuchen zu tanzen. Dann ist es aber noch umso wichtiger, festzulegen, wer die Richtung angibt.

51

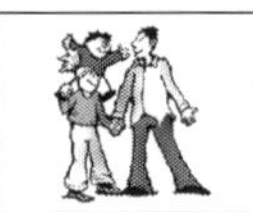

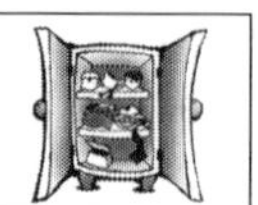

In welche Richtung soll ich gehen?

Was wird benötigt: eine Augenbinde, Dreiergruppen

Dieses Spiel benötigt drei Mitspieler. Sind es mehr, spielen sie nacheinander, während die anderen jeweils zuschauen.
Zwei Spieler stellen sich etwa acht bis zehn Meter weit entfernt voneinander auf. Dem dritten werden vor Beginn die Augen verbunden, sodass er nicht weiß, wer die beiden Mitspieler sind und stellt sich zwischen sie. Beide versuchen nun, den dritten durch Geräusche abwechselnd zu sich zu locken. Gefällt ihm ein Geräusch, tritt er einen Schritt näher, mag er es nicht, tritt er einen Schritt zurück. Stehen bleiben darf er nur, wenn er sich nicht entscheiden kann. Sobald er einen der Mitspieler erreicht hat, werden die Rollen getauscht.

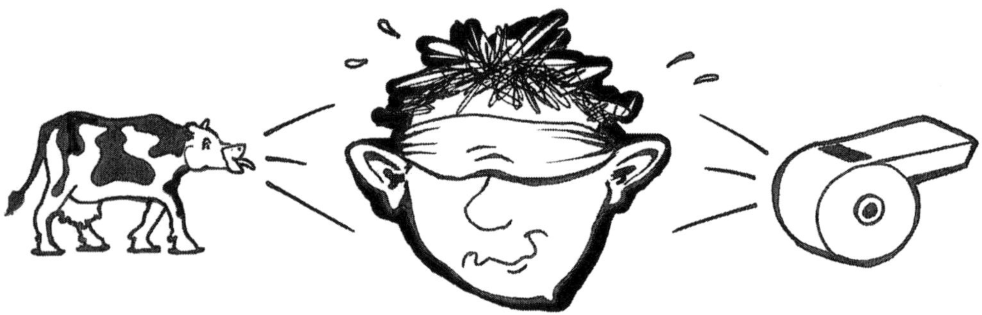

Tipp: Es lohnt sich, im Anschluss darüber zu sprechen, warum bestimmte Geräusche als angenehm oder unangenehm empfunden wurden. Spannend ist auch die Frage, ob der „Blinde" wusste, zwischen wem er hin- und hergerissen war und ob das die Entscheidungen beeinflusste.

52

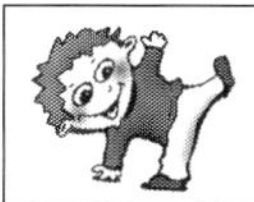
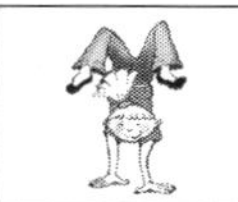
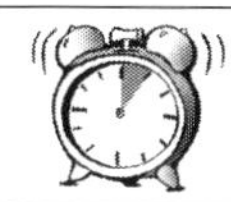
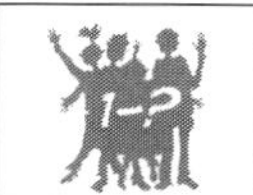

Überzeugungsspiel

Jedes Kind sucht sich im Stillen ein bekanntes Lied aus. Auf ein Zeichen vom Spielleiter gehen alle im Raum umher und singen dabei ihr Lied so laut wie möglich. Jedes Kind versucht so, die anderen dazu zu bringen, sein Lied mitzusingen, weil es lauter singt, das eingängigere Lied gewählt hat usw. Das Ganze sollte nicht länger als zwei Minuten dauern. Dann zeigt sich, wer mit seinem Lied überzeugen konnte.

Tipp: Weil es während des Spiels sehr laut werden kann, sollte man darauf achten, niemanden zu stören.

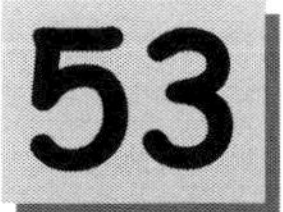

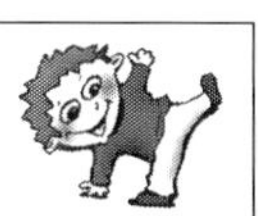
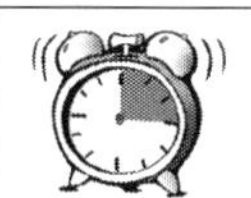
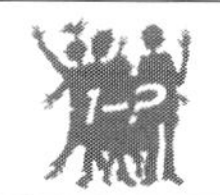
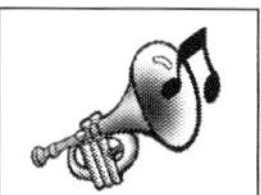

Instrumenten-Marionetten

Was wird benötigt: für die Hälfte der Gruppe unterschiedliche Instrumente

Die Kinder teilen sich in zwei Gruppen auf. Gruppe A nimmt sich die Instrumente und setzt sich in einer Reihe oder einem Halbkreis für die anderen gut sichtbar hin, Gruppe B verteilt sich im Raum.
Jedes Kind aus Gruppe B sucht sich dann ein Instrument von Gruppe A aus, von dem es sich dirigieren lassen will. Bei jedem Ton oder Schlag auf diesem Instrument geht das Kind einen Schritt nach vorne, wird schnell gespielt, muss es sich dementsprechend auch schnell bewegen. Nach und nach sollen so alle mit ihrem Instrument in Einklang geraten und sich ihm so gut wie möglich anpassen. Am besten legt man vorher eine Reihenfolge fest oder verabredet eine bestimmte Taktzahl, in der jeder den Spielpartner dirigieren darf. Nach einer Weile werden die Rollen getauscht.

54

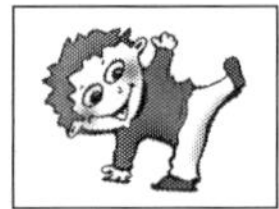

Lieder beenden

Die Kinder sitzen im Kreis. Ein Kind beginnt, die erste Zeile eines Liedes zu singen, das nächste singt die zweite Zeile usw. Dies geht so lange, bis jemand entweder im Text oder mit der Melodie nicht weiter weiß. Derjenige beginnt dann ein neues Lied und wieder wird reihum gesungen, bis ein Kind den Text oder die Melodie nicht mehr kennt. Das kann so lange gespielt werden, wie alle Spaß daran haben.

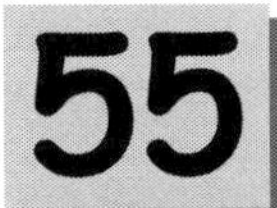

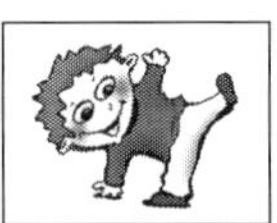
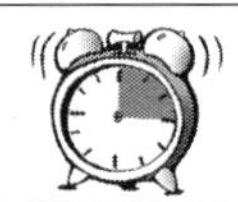
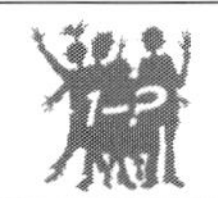
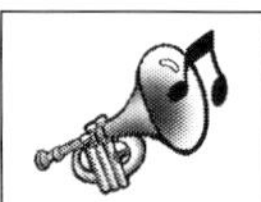

Aufgepasst!

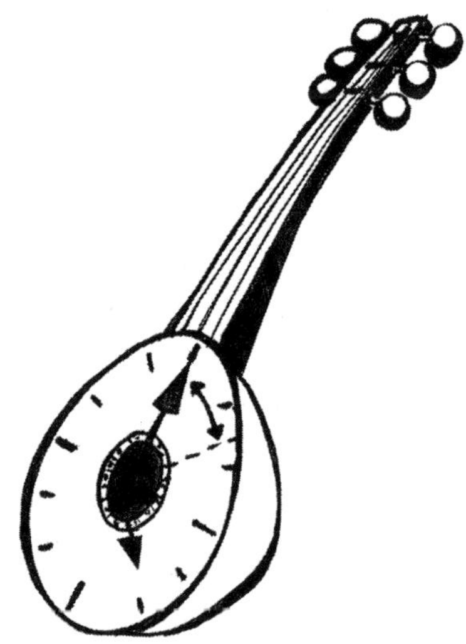

Was wird benötigt: für jeden Mitspieler ein Instrument

Jedes Kind sucht sich ein Instrument aus und alle setzen sich in einem Kreis zusammen. Nacheinander spielt oder improvisiert nun jedes Kind etwas auf seinem Instrument. Dabei gibt aber der Spielleiter die genaue Zeitdauer vor! Bis er diese Vorgabe ändert, müssen also alle immer in der gleichen Zeitdauer spielen. Anfangs sollte das Zeitintervall sehr kurz sein, nach und nach aber immer länger werden. Alternativ kann man das Spiel frei gestalten, sodass jedes Kind so lange spielen kann, wie es Lust dazu hat.

Tipp: Dieses Spiel wird auch bei mehrmaligem Wiederholen nicht langweilig, weil jedes Mal etwas anderes dabei herauskommt. Um für Abwechslung zu sorgen, werden dann regelmäßig die Instrumente getauscht. Sobald die Aufmerksamkeit nachlässt, beendet man die Spielrunde.

56

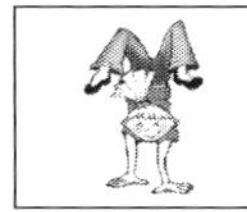
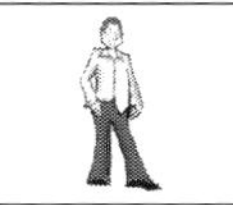
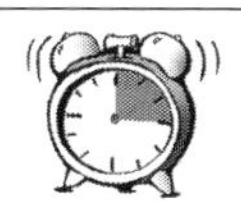
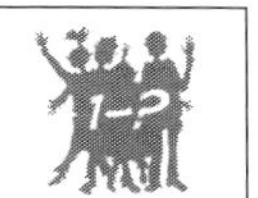

Geräuschdialog

Was wird benötigt: ein ruhiger Raum

Alle Mitspieler gehen durch den Raum und denken dabei an ein Geräusch, das ihnen gefällt und das zu ihnen passen könnte. Auf ein Zeichen des Spielleiters wiederholt jeder sein Geräusch laut und achtet dabei auf die Geräusche der anderen. So suchen sich alle einen Partner, dessen Geräusch zu dem eigenen passt und beide machen einen kleinen Dialog daraus. Die einzelnen Paare bilden dann einen großen Kreis, in dem nacheinander alle ihre Dialoge vortragen.
Nun darf der Spielleiter zum Dirigenten werden: Während alle gleichzeitig ihre Geräuschdialoge halten, zeigt er willkürlich auf einzelne Paare, die lauter werden, während die anderen sich zurücknehmen. So entsteht ein individuelles Musikstück, das man sogar aufnehmen kann.

Tipp: Dieses Spiel verlangt Konzentration und ein bisschen Kreativität von den Mitspielern. Es lässt sich auch gut mit Instrumenten durchführen, sodass sich Spielpartner zusammenfinden, die das Instrument des anderen mögen. Wer mag, kann das Spiel auch mit dieser Variante beginnen.

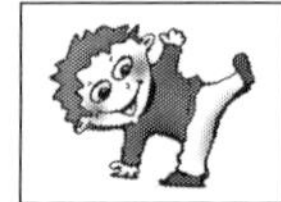

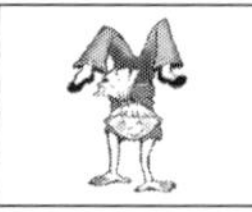

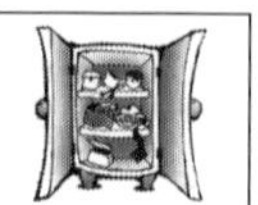

Wir erfinden eine Geschichte

Was wird benötigt: ein Aufnahmegerät

Die Kinder setzen sich im Kreis um das Mikrofon. Nacheinander sagt jeder, ohne lang zu überlegen, einen Satz, ohne dazwischen eine Pause zu lassen. Sind alle einmal an der Reihe gewesen, hört man sich die Geschichte zusammen an. Das macht viel Spaß, denn ergibt die Geschichte überhaupt einen Sinn? Und ist es überhaupt eine Geschichte?

Tipp: Als Abschluss kann man sich zusammen ein Ende ausdenken und aufnehmen oder jedes Kind schreibt sein eigenes Ende auf.

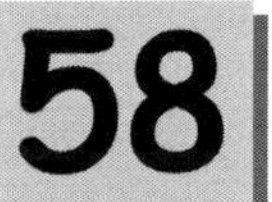

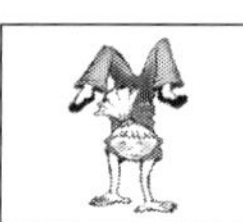

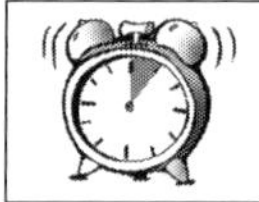

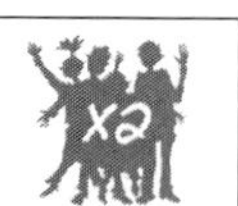

Reim mich oder ich fress dich

In zwei Reihen sitzen sich die Mitspieler einander gegenüber. Nacheinander sagt jeder aus Reihe A einen Satz, auf den das Gegenüber aus Reihe B einen passenden Reim finden muss. Zum Beispiel sagt der eine: „Letzte Woche ging ich in die Stadt" und der andere antwortet: „Mich fuhr da fast ein Auto platt." Am Ende der Reihe wird getauscht.
Was zunächst noch willkürlich entsteht, soll in der nächsten Runde aber ein richtiges Gedicht ergeben. Dazu versuchen die Paare, jeweils in Reim oder Inhalt aneinander anzuschließen. Man kann auch vorher ein Thema miteinander verabreden.

59

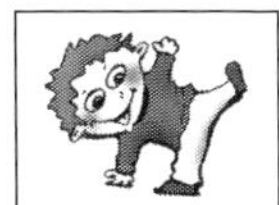
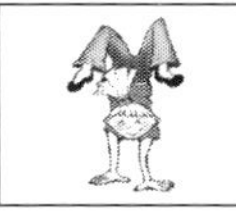
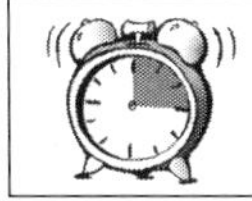
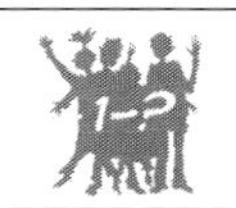

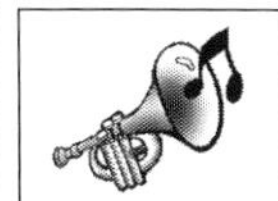

Musikalische Marionetten

Was wird benötigt: mindestens sieben oder acht Mitspieler, vier unterschiedliche Instrumente, zum Beispiel Bongos, Tamburin, Xylophon und Becken

Die Kinder bilden zwei Gruppen: Gruppe A hat die Instrumente, alle aus Gruppe B sind die Marionetten. Je größer der Raum, desto mehr Marionetten kann es natürlich geben. Nun werden bestimmte akustische Signale verabredet, auf die die Marionetten reagieren sollen. Dabei steht jedes Instrument für eine andere Bewegung. Zum Beispiel:

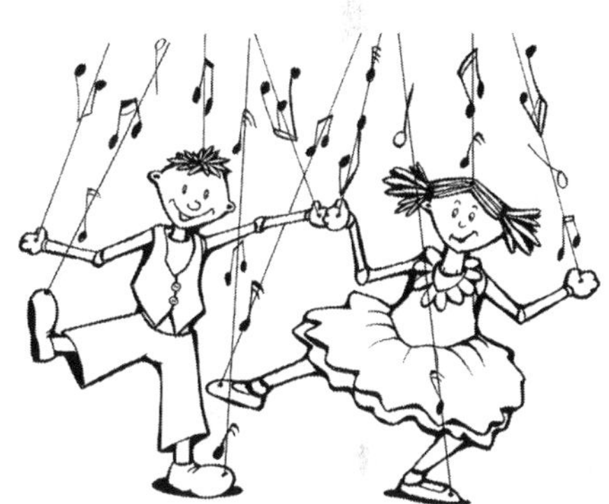

Bongos: bis zum nächsten Signal vorwärts gehen

Tamburin: zwei Schritte rückwärts gehen

Xylophon: die Arme bewegen

Becken: einmal im Kreis drehen

Natürlich sollten nie zwei Signale auf einmal zu hören sein, die Kinder mit den Instrumenten müssen also gut aufeinander achtgeben. Je nach Gruppe können die Signale entweder einfacher oder schwerer sein. Nach einer Weile werden die Rollen getauscht.

Tipp: Dieses Spiel lässt sich gut mehrmals spielen. Damit es nicht langweilig wird, kann man immer neue und immer mehr Verabredungen für die Signale treffen.

Vertrauensspiele

Diese Spiele unterscheiden sich wesentlich von den vorherigen. Sie beinhalten als wichtigste Funktion, Vertrauen zu wecken und zu stärken, sowohl zu anderen als auch zu sich selber. Zudem stärken sie das Selbstvertrauen der Einzelnen innerhalb der Gruppe und das Gefühl, sich auf die anderen verlassen zu können und von ihnen akzeptiert zu werden. Aus diesem Grund sind diese Spiele auch weniger für Gruppen geeignet, die sich noch nicht lange kennen. Sie sollten dann gespielt werden, wenn die Mitspieler sich untereinander gut kennen und sich in der Gruppe entspannen und fallen lassen können.
Gerade bei mehrmaligem Spielen entsteht als positive Konsequenz bei allen das Gefühl der Sicherheit, man selbst sein zu können und damit angenommen zu werden. Nur diese Basis ermöglicht die Freisetzung kreativer Prozesse und ermuntert jeden Einzelnen, seine Ideen als willkommen und ernst genommen zu betrachten.

Merkmale und Eigenschaften:

- Die meisten der Spiele sind nonverbal, das Sprechen während des Spiels ist also nicht notwendig. Der Spielleiter sollte auf die Einhaltung dessen achten, um Vorurteile, Rationalisierung, gegenseitige Kritik, falsch verstandene Interpretationen und Meinungsverschiedenheiten gar nicht erst entstehen zu lassen.
- Körperlicher Kontakt hat in diesen Spielen eine wesentliche Funktion.
- Viele der Spiele finden in Partnerarbeit statt, was soziale Ängste abbaut und die gegenseitige Kontaktaufnahme ermöglicht.
- Als Regel gilt hier, dass die Gruppe die Verantwortung für jeden Einzelnen übernimmt – meist für den, der die Augenbinde trägt. Dies hilft dabei, innerhalb der Gruppe Verantwortung und Respekt füreinander zu entwickeln.

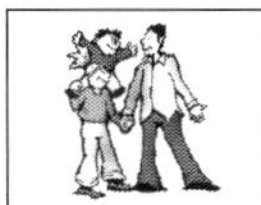

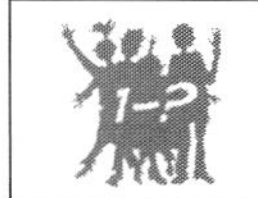

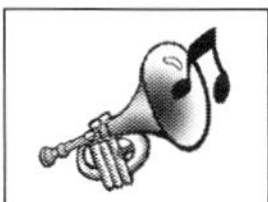

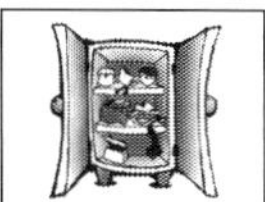

Heiß und kalt

Was wird benötigt: eine Augenbinde, Instrumente für alle Mitspieler bis auf einen

Ein Mitspieler, dem die Augen verbunden werden, soll hier den anderen Spielern sprichwörtlich blind vertrauen. Indem die Gruppe ihn mithilfe der Instrumente leitet, soll er eine bestimmte Person finden: Kommt er dem Gesuchten näher, spielen sie lauter, entfernt er sich von ihm, werden sie leiser. Die Lautstärken sollten vorher konkret abgesprochen und geübt werden.
Alle Hindernisse, über die der „Blinde" fallen könnte, müssen aus dem Weg geräumt werden. Sollte er dennoch in die Gefahr geraten, sich wehzutun, dreht ihn jemand vorsichtig in eine andere Richtung. Hat er den Gesuchten gefunden, darf dieser in der nächsten Runde die Augenbinde tragen.

Variante: Wer noch mehr Spannung möchte, lässt zwei Mitspieler von zwei anderen Mitspielern suchen.

Tipp: Wer will, kann im Anschluss über die Erfahrungen sprechen, sich blind zurechtfinden zu müssen und auf andere angewiesen zu sein.

61

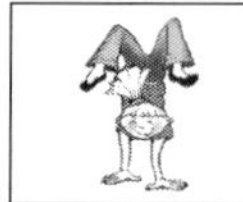 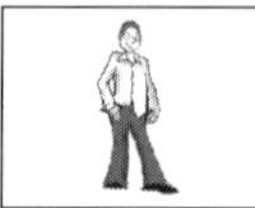   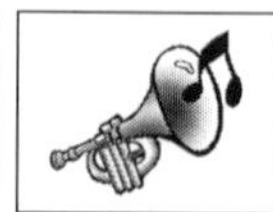

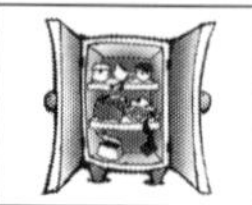

Spaziergang mit Hindernissen

Was wird benötigt: für jeden Mitspieler ein Instrument, ein großer Raum, eine Augenbinde

Jeder aus der Gruppe sucht sich ein Instrument aus und alle verteilen sich mit einigem Abstand als menschliche Hindernisse im Raum. Ein Spieler, dem die Augen verbunden werden, läuft nun pausenlos im Raum umher. Die anderen müssen dafür sorgen, dass er nirgends anstößt und sich wehtut. Deshalb macht jeder, dem er zu nah kommt, ein warnendes Geräusch auf seinem Instrument und warnt auch vor allen weiteren Hindernissen oder den Wänden. Nach ein paar Minuten werden die Rollen gewechselt.

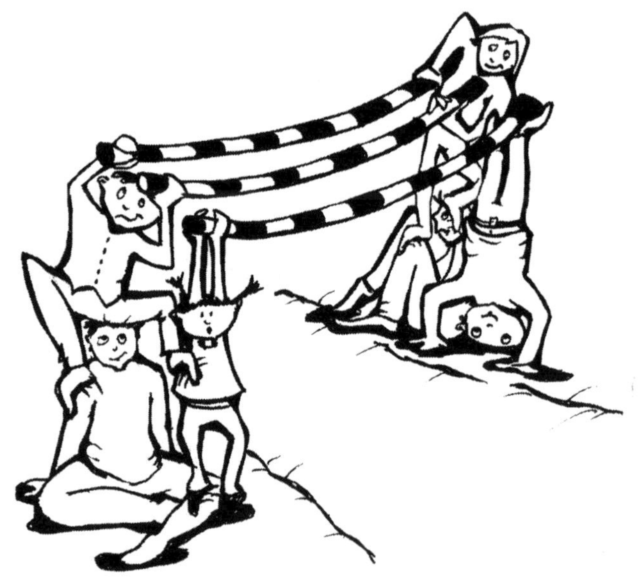

Tipp: Weil dieses Spiel sehr viel Aufmerksamkeit erfordert, sollte man aufhören, sobald die Konzentration nachlässt, auch wenn noch nicht alle an der Reihe waren. Besser sucht man sich eine Gelegenheit für eine erneute Spielrunde.

62

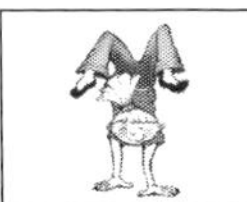 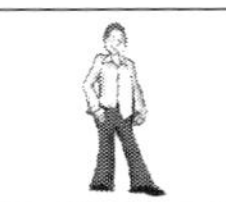  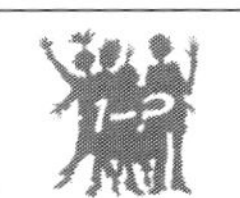 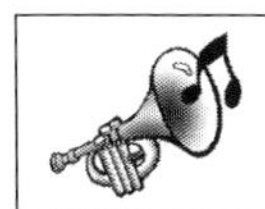

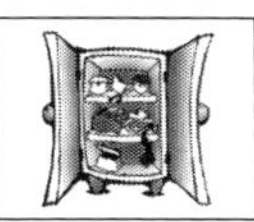

Labyrinth

Was wird benötigt: für jeden Mitspieler ein Instrument, eine Augenbinde, Gegenstände, die als Hindernis dienen können, ein großer Raum

Es wird ein möglichst großer Kreis gebildet, in dem jeder auf seinem Instrument eine kurze Tonfolge vorspielt. So wird allen der Klang der unterschiedlichen Instrumente vertraut. Gibt es nicht genügend Instrumente, kann auch gesungen werden.

Ein Mitspieler lässt sich die Augen verbinden und in die Mitte führen. Er soll zu jemandem aus der Gruppe finden, wobei er nur akustisch durch die anderen gelenkt wird: Er macht jeweils einen Schritt in die Richtung, aus der er einen Ton gehört hat. Es müssen also alle darauf achten, nicht durcheinander und nicht zu schnell hintereinander zu spielen. Erreicht der „Blinde" den Gesuchten, tauschen die beiden die Rollen.

Nun kommen Hindernisse hinzu – Stühle, Taschen usw. Die Mitspieler müssen den „Blinden" nun so lenken, dass er nicht gegen die Hindernisse läuft. Schritt für Schritt leiten sie ihn durch das Labyrinth, bis er zu dem Gesuchten gefunden hat. Lenkt ihn jedoch jemand falsch, sodass er gegen ein Hindernis stößt, muss derjenige als Nächster die Aufgabe „blind" meistern.

Variante: Hier sind verschiedene Variationsmöglichkeiten denkbar. Zum Beispiel, dass der „Blinde" so lange weitergeht, wie ein Ton zu hören ist und erst stehen bleibt, wenn der Ton stoppt. Weil dieses Spiel aber viel Aufmerksamkeit und Konzentration erfordert, sollte es nicht zu lange gespielt werden.

63

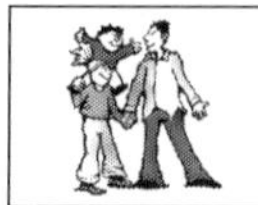
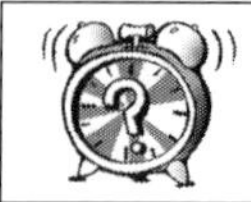
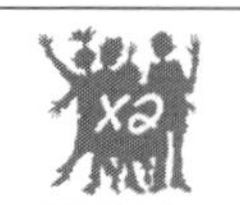

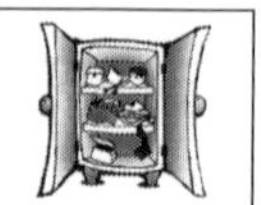

Welches Geräusch höre ich gerade?

Was wird benötigt: ein großer Raum, Augenbinden für die Hälfte der Mitspieler

Jeder Mitspieler sucht sich einen Spielpartner. Einer der beiden lässt sich die Augen verbinden und vom anderen an der Hand durch den Raum führen. Dabei erzeugt der, der führt, Geräusche mit den Gegenständen, an denen beide vorbeikommen. Zum Beispiel kann er mit der Hand an der Heizung entlangfahren, an ein Glas klopfen, mit den Vorhängen rascheln usw. Der „Blinde" muss anhand der Geräusche raten, wo im Raum er sich befindet. Erst wenn er damit richtig liegt, wird er weiter geführt. Nach ein paar Minuten tauschen beide die Rollen.

Tipp: Je nach Möglichkeit kann man das Spiel auch auf das ganze Haus oder ein Gebäude ausdehnen.

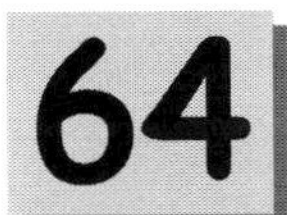

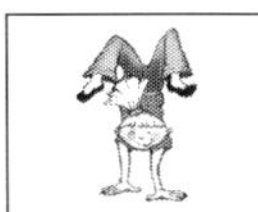
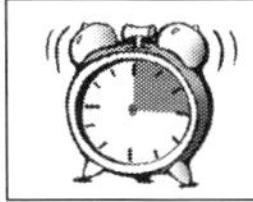
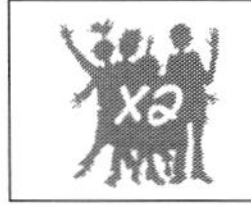

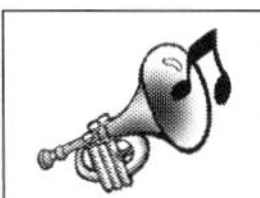
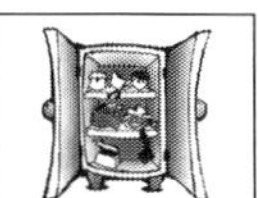

Rattenfänger

Was wird benötigt: ein großer Raum oder Platz draußen, Augenbinden für eine Hälfte der Mitspieler, Instrumente für die anderen

Von zwei Spielpartnern lässt sich einer die Augen verbinden. Der andere leitet ihn durch den Raum, indem er einen lang anhaltenden Ton auf seinem Instrument spielt. Der „Blinde" folgt also ausschließlich dem Klang, ohne dabei den Partner zu berühren. Natürlich muss der Sehende darauf achten, dass er den anderen nicht gegen eventuelle Hindernisse laufen lässt! Nach ein paar Minuten wird getauscht.

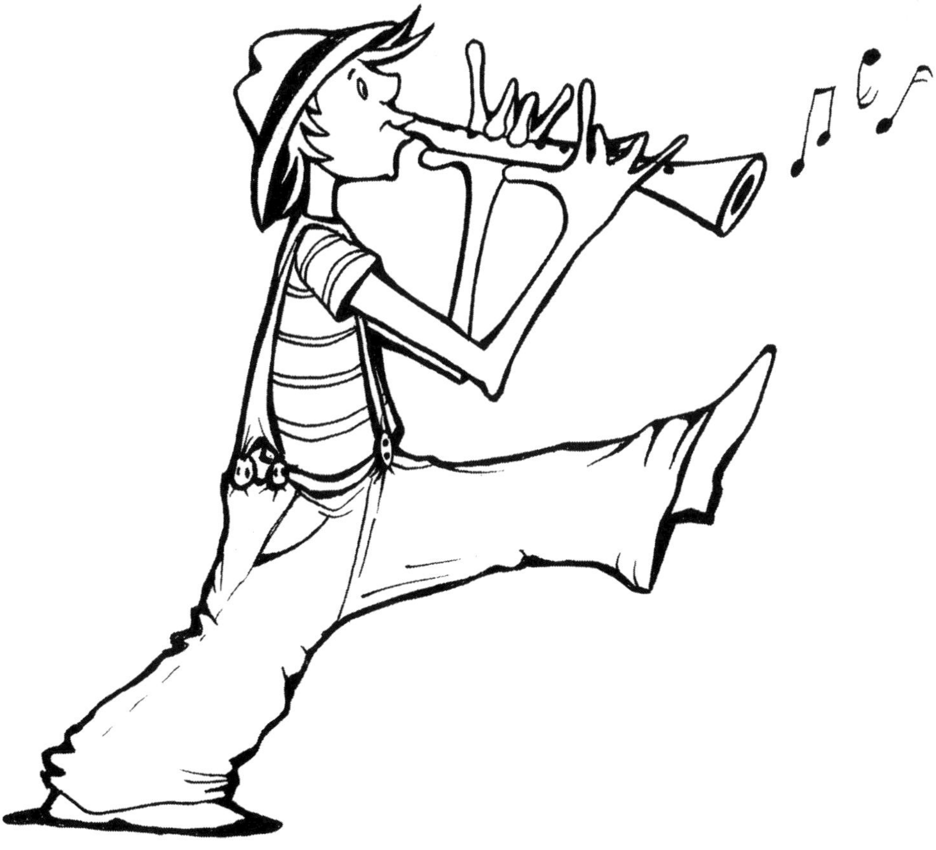

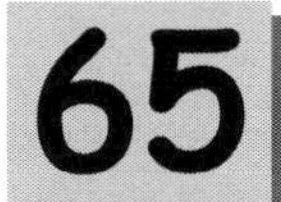

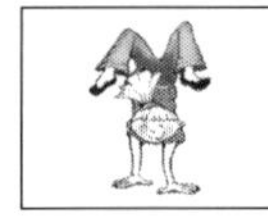  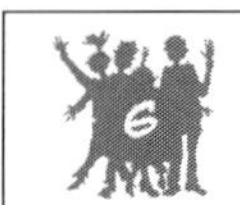 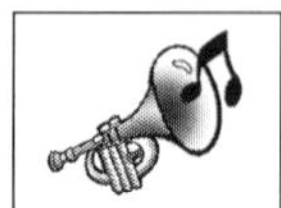 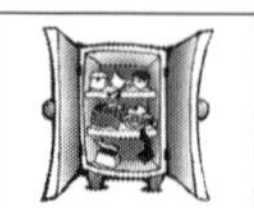

Lass dich leiten

Was wird benötigt: mindestens sechs Mitspieler, mehrere Augenbinden, vier Instrumente

Ein Mitspieler lässt sich die Augen verbinden und mithilfe der Instrumente zu einem anderen Mitspieler leiten, der irgendwo im Raum steht. Dazu werden vorher die musikalischen Zeichen genau verabredet. Zum Beispiel: Triangel: nach links, Tamburin: nach rechts, Bongos: vorwärts, Becken: rückwärts. Wichtig ist, dass sich die Musiker dabei in die Position des „Blinden" versetzen, um ihm die richtige Richtung zu signalisieren. Sie achten auch darauf, nicht zwei Signale auf einmal zu geben.

Variante: Anstatt nach jeder Runde die Rollen zu tauschen, bilden die Mitspieler eine Kette: Jeder, der gefunden wurde, bekommt ebenfalls eine Augenbinde und sucht Hand in Hand mit den anderen den Nächsten usw.

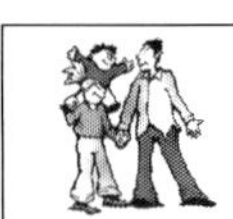  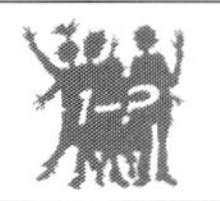 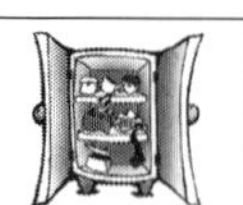

Wir kriegen Besuch

Was wird benötigt: ein CD-Spieler, eine Augenbinde

Die Mitspieler teilen sich in zwei Gruppen auf. Gruppe A stellt sich mit dem Rücken an eine Wand, Gruppe B stellt sich mit dem Rücken an die gegenüberliegende Wand. Zwischen ihnen sollte nichts im Weg sein.
Einem Spieler aus Gruppe A werden die Augen verbunden. Er tanzt oder geht zu langsamer Musik von seiner Wand zur anderen. Dort angekommen, gibt er die Augenbinde an einen Mitspieler der anderen Gruppe weiter, der nun seinerseits zurückfinden muss. Wenn das ohne Schwierigkeiten geht, kann man für die nächsten Runden eine schnellere Musik nehmen.

67

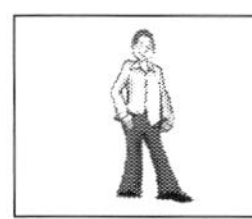
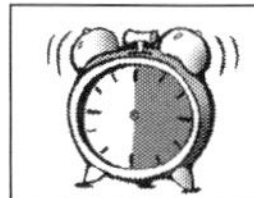
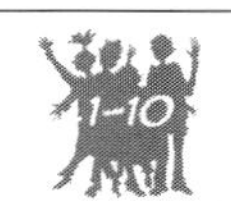

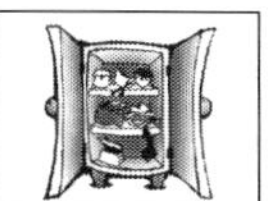

Der tanzende Derwisch

Was wird benötigt: ein CD-Spieler, einige Jacken oder Decken

In einer Ecke des Raumes bereitet man zunächst eine weiche Unterlage aus Jacken oder Decken.

Die Mitspieler stellen sich nah beieinander in einen sehr engen Kreis, ein Spieler stellt sich mit geschlossenen Augen in die Mitte. Er dreht sich nun zu langsamer Musik immer um sich selbst. Alle anderen achten dabei darauf, dass ihm nichts passiert und er nicht hinfällt. Sobald der Mitspieler das Gleichgewicht zu verlieren droht, fangen drei oder vier aus dem Kreis ihn auf und heben ihn, so weit es geht, hoch. Dann legen sie ihn vorsichtig auf die Decken. Während des Spiels darf niemand sprechen.

Tipp: Dieses Spiel eignet sich nur für Gruppen, die sich untereinander gut kennen und einander vertrauen. Immerhin müssen die anderen einen sicher auffangen, wenn man fällt. Danach sollte man Zeit einplanen, über die Erfahrungen zu reden.

68

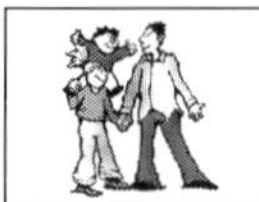

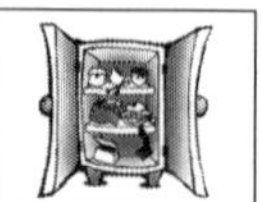

Darf ich bitten?

Was wird benötigt: ein CD-Spieler, einige Augenbinden

Jeder Mitspieler sucht sich einen Spielpartner zum Tanzen. Dabei führt ein Partner den anderen, dessen Augen verbunden sind. Beide fassen sich dazu an den Händen und derjenige, der sieht, führt den anderen zu langsamer Musik durch den Raum. Nach ein paar Minuten wird getauscht.

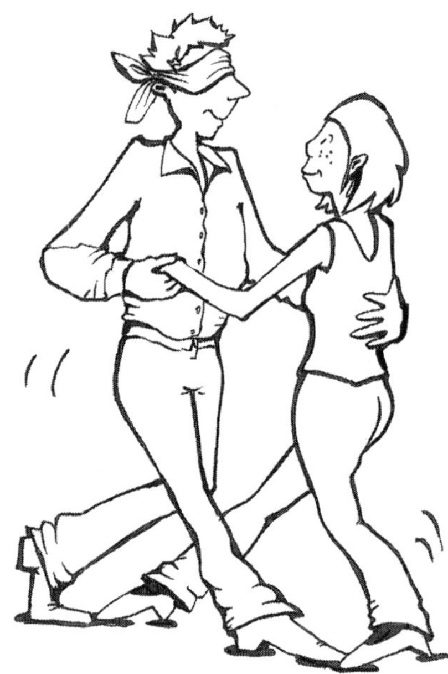

Variante: Die Spielpartner sitzen sich gegenüber und legen die Handflächen aneinander. Derjenige, der führt, bewegt nun langsam seine Hände in der Luft und der andere versucht, mit den Bewegungen mitzugehen, ohne dabei den Kontakt zu verlieren.

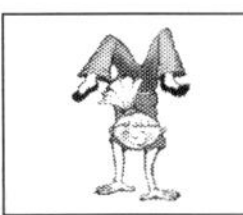 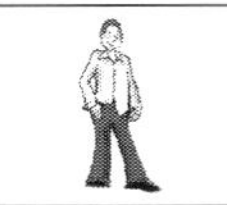   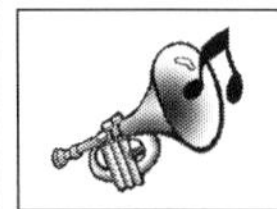

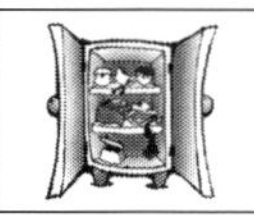

Hindernisparcours

Was wird benötigt: Tische, Stühle, sechs Instrumente, eine Stoppuhr, eine Augenbinde

Bevor das Spiel beginnen kann, wird zunächst aus Tischen, Stühlen, Kisten usw. ein Hindernisparcours gebaut. Durch diesen soll nun die Gruppe jeweils einen Mitspieler mithilfe der Instrumente leiten, dessen Augen verbunden sind. Dazu werden bestimmte akustische Zeichen verabredet. Zum Beispiel:

Triangel: nach links,

Tamburin: nach rechts,

Becken: vorwärts,

Bongos: rückwärts,

Xylophon: über ein Hindernis steigen,

Trommel: unter einem Hindernis hindurch.

Nacheinander sollte jeder sich einmal durch den Parcours leiten lassen. Um es spannender zu machen, kann man die Hindernisse zwischendurch umstellen.

Tipp: Wenn einige Mitspieler versuchen, sehr schnell oder mithilfe von Tricks durch den Parcours zu kommen, können die anderen sich entweder selbst als Hindernis dazustellen oder müssen zumindest darauf achten, dass sich niemand wehtun kann.

70

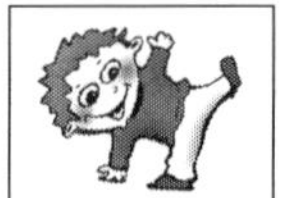
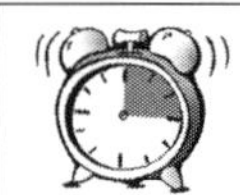

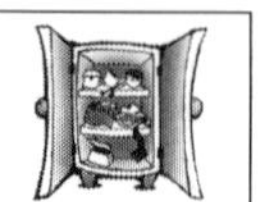

Wer ist das?

Was wird benötigt: Stühle, eine Augenbinde

Die Kinder sitzen im Kreis, eines lässt sich die Augen verbinden. So wird es hinter ein anderes Kind geführt, ohne zu wissen, wo es steht. Nun soll es erkennen, hinter wem es gelandet ist. Dazu macht ihm das sitzende Kind Geräusche und Laute vor und darf sich auch verstellen, um es dem „Blinden" schwerer zu machen. Rät das „blinde" Kind trotzdem richtig, tauschen die beiden die Rollen, liegt es falsch, wird es hinter ein anderes Kind geführt und darf es noch einmal versuchen.

Tipp: Dieses Spiel lässt sich auch im Sitzen spielen. Dann bleibt der „Blinde" in der Mitte sitzen und der Spielleiter zeigt auf denjenigen, dessen Name erraten werden soll.

71

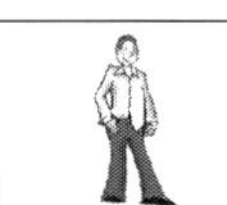
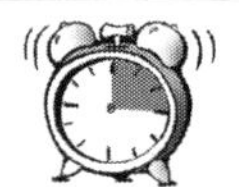

Komm näher

Zwei Mitspieler stellen sich im Abstand von acht bis zehn Metern voreinander auf. Beide schließen die Augen und lassen den anderen auf sich zukommen, während sie einen Ton singen. Für die Dauer des Tons gehen beide vorwärts. Hat einer von beiden das Gefühl, dass sie kurz voreinander stehen, sagt er deutlich „Stopp". Mal sehen, wie nah beieinander die beiden wirklich stehen!

Variante: Anstelle der Stimme lassen sich auch Instrumente nehmen.

72

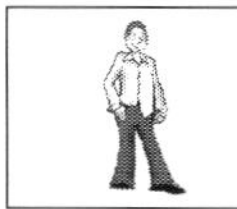

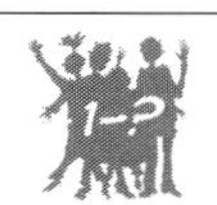
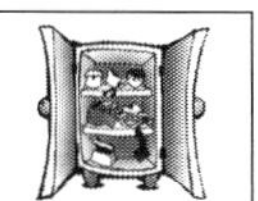

Menschliche Instrumente

Was wird benötigt: Ein CD-Spieler, ein gemütlicher Raum, Gruppen von sieben bis neun Mitspielern

Durch ruhige, entspannende Musik wird eine angenehme Atmosphäre geschaffen, in der sich ein Mitspieler mit geschlossenen Augen auf den Boden legt. Die anderen setzen sich um ihn herum und legen dem Liegenden leicht die Hände auf die Stirn, die Schultern, die Arme, die Hände und die Füße. Dieser sollte sich dabei wohl fühlen und versuchen, sich zu entspannen. Nun beginnen die anderen, vorsichtig mit ihren Fingerspitzen im Takt zur Musik auf dem Liegenden zu klopfen. Dabei darf niemand reden, außer der liegenden Person, wenn ihr etwas nicht gefällt oder sie die Runde beenden möchte. Nach ein bis zwei Minuten wird sie hochgehoben, langsam durch den Raum getragen und an einem bequemen Platz vorsichtig hingelegt. Dann darf ein anderer sich in die Mitte legen.

Spiele, die die kreativen Fähigkeiten fördern

Ausdrucks- und Improvisationsspiele

Diese Spiele sind für Gruppen geeignet, die sich gut kennen und einander bereits vertrauen. Anderenfalls sollte man so lange damit warten, bis jeder sich innerhalb der Gruppe sicher fühlt. Sollte dies nicht der Fall sein, stellen die Spiele eher die Gefahr dar, dass sich die unsicheren Mitspieler noch mehr verschließen.
Spielt man sie aber innerhalb einer miteinander vertrauten Gruppe, fördern sie die einzelnen Mitglieder wesentlich. Sie bauen Hemmschwellen und Ängste ab und tragen zur persönlichen Identitätsfindung bei. Gleichzeitig ermutigen sie die Teilnehmer zur Risikobereitschaft und geben ihnen innerhalb eines sicheren Rahmens die Möglichkeit, eigene Ideen und Anschauungen preiszugeben. Nach und nach entwickeln die Spieler immer mehr Vertrauen in ihre Erfindungsgabe und verlieren die Angst vor Be- und Verurteilung. Nebenbei regen die Spiele dazu an, selbstständig spontane und kreative Lösungen für unbekannte und unvorhersehbare Situationen zu finden.

Merkmale und Eigenschaften:

- Diese Spiele sprechen Intuition, Fantasie, Erfindungsgabe, Wagemut und Spontaneität an.
- Jeder kann sich innerhalb der Gruppe präsentieren, auch, wenn in Gruppen zu zweit oder dritt gespielt wird.
- Die Spiele können oft viel Zeit beanspruchen, daher sollte die Uhr im Auge behalten werden.
- In manchen Fällen können die Anforderungen für Einzelne zu viel werden und ihnen so eher schaden. Der Spielleiter sollte darauf dringend achten und über Ängste, so gut es geht, hinweghelfen. Sollte es dafür notwendig erscheinen, die Regeln zu lockern oder zu vereinfachen, sollte dies kein Problem darstellen.

73

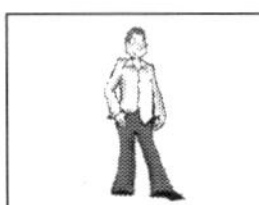

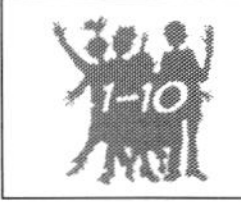

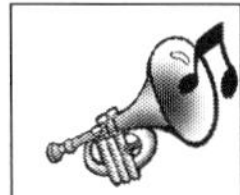
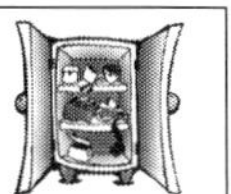

Gefühle raten

Was wird benötigt: drei Instrumente, Karten, auf denen Gefühle notiert sind, Tafel und Kreide oder Staffelei und Filzer

Zur Vorbereitung werden sieben bis acht Gefühle gut lesbar an die Tafel und gleichzeitig auf Karten geschrieben, zum Beispiel Liebe, Einsamkeit, Glück, Traurigkeit, Hass usw. Es sollte drei Mal so viele Karten wie Mitspieler geben und auf je dreien wird dasselbe Gefühl notiert. Daneben schreibt man jeweils einen von drei Instrumentennamen, sodass es keine identischen Karten gibt. Die drei Instrumente, die notiert werden, sollten bereitliegen und unterschiedliche Klangfarben haben, mit denen die Gefühle ausgedrückt werden können. Einige Karten werden zur Reserve angefertigt und einige als Joker.
Die Karten werden gemischt und ausgeteilt, der Spielleiter behält ein paar zurück. Jeder bekommt dieselbe Anzahl an Karten und hält sie verdeckt. Wer die Runde beginnt, wählt eine Karte und legt sie verdeckt vor sich. Dann nimmt er das Instrument, das auf der Karte steht und versucht, damit das Gefühl so gut wie möglich darzustellen. Steht beispielsweise dort Traurigkeit – Klavier, bemüht er sich, auf dem Klavier die Traurigkeit auszudrücken. Die anderen raten, um welches Gefühl es sich dabei handelt. Liegen sie richtig, wird die Karte auf einen Stapel in der Mitte geworfen. Liegen sie falsch, zieht der Spieler eine neue Karte. Wer einen Joker hat, darf etwas frei vormachen. Jeder sollte dabei so viele Karten loswerden wie möglich.

Tipp: Dieses Spiel eignet sich hervorragend, um die Ausdrucksmöglichkeiten von Instrumenten kennen zu lernen. Kindern fehlt dafür aber meist die Geduld, deswegen haben Jugendliche mehr Spaß an diesem Spiel. Eine Gruppe von zehn Spielern braucht mindestens eine halbe Stunde pro Runde. Das lässt sich durch die Vorgabe von weniger Gefühlen reduzieren.

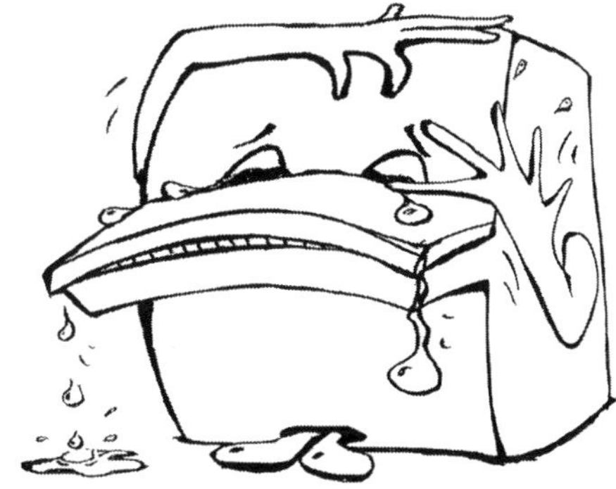

74

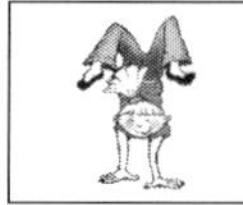
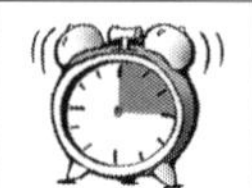

Lieder improvisieren

Was wird benötigt: ein großer Raum

Die Mitspieler teilen sich in zwei Gruppen auf, die sich einander gegenüberstellen, jede Gruppe an eine Wand des Raumes. Aus beiden Gruppen wechselt nun gleichzeitig jeweils ein Mitspieler die Seite und singt dabei ein improvisiertes Lied. Sind die Sänger an der gegenüberliegenden Wand angekommen, tippen sie dort einen Mitspieler an. Dieser greift den letzten Ton des vorherigen Sängers als den ersten für sein eigenes improvisiertes Lied auf. Wer mag, kann die Lieder auch durch passende Bewegungen begleiten.

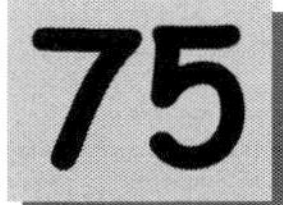

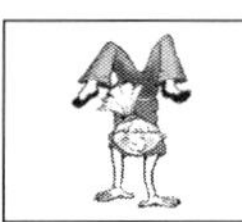
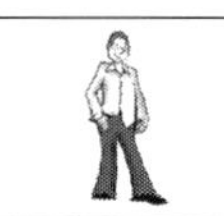

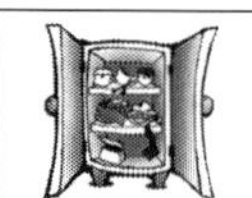

Sprichwörter darstellen

Was wird benötigt: Instrumente, soweit vorhanden, Karten, auf denen Sprichwörter notiert sind

Die Mitspieler finden sich immer zu dritt oder viert zusammen. Nacheinander erhält jede Gruppe ein Kärtchen, auf dem ein bekanntes Sprichwort notiert ist. Nach fünf bis zehn Minuten Vorbereitungszeit stellen die Gruppen mithilfe der Instrumente (oder dem Einsatz der Stimme) das Sprichwort dar, ohne dabei zu sprechen. Die anderen raten, um welches Sprichwort es sich handelt. Dabei können Punkte vergeben werden.

Tipp: Die Gruppen können sich auch selber ein Sprichwort aussuchen. Allerdings muss darin irgendetwas Akustisches benannt sein, zum Beispiel „Er will immer die erste Geige spielen".

76

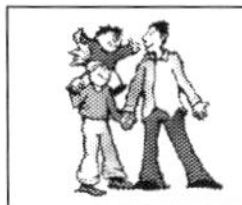
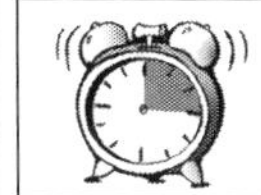
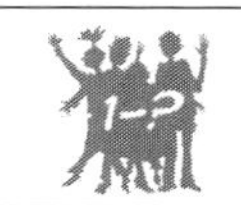

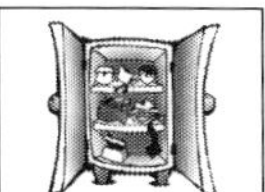

Fantasieinstrumente

Was wird benötigt: eine große Tasche

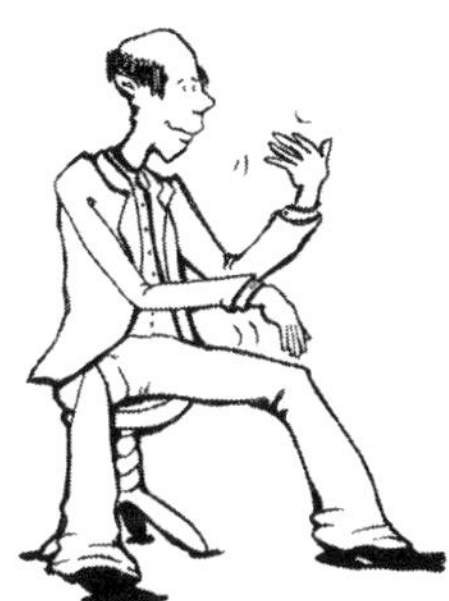

Alle Mitspieler sitzen in einem Kreis. Eine große Tasche wird weitergegeben, aus der jeder der Reihe nach ein erdachtes Instrument herausnimmt. Nun imitiert einer nach dem anderen sein Instrument durch Bewegungen und Geräusche. Die anderen raten, um welches Instrument es sich dabei jeweils handelt.

Tipp: Die Fantasieinstrumente können als Abschluss alle zusammen eine Melodie spielen!

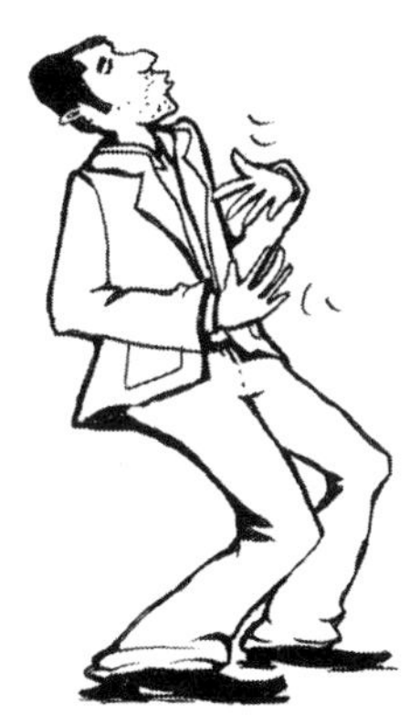

77

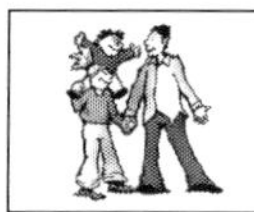
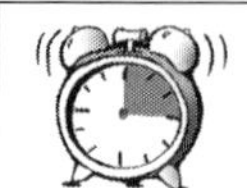

Lautstärke steigern

Die Mitspieler sitzen in einem Kreis zusammen und jeder überlegt sich ein Geräusch. Der Erste macht ganz leise sein Geräusch vor. Sein Nachbar imitiert dasselbe Geräusch ein wenig lauter, der Nächste noch ein bisschen lauter usw., bis alle im Kreis einmal an der Reihe gewesen sind und die Lautstärke immer weiter gesteigert haben. Dann beginnt eine neue Runde mit einem anderen Geräusch.

Tipp: Der Spielleiter sollte darauf achten, dass wirklich immer alle nur ein wenig lauter werden, damit jeder aus der Runde die Möglichkeit zur Steigerung hat.

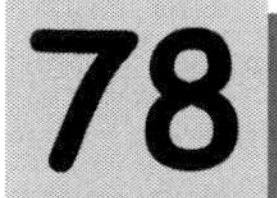

78

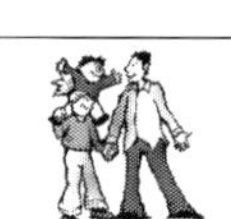
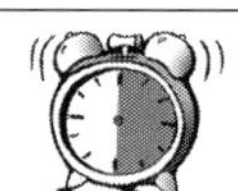
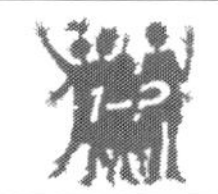
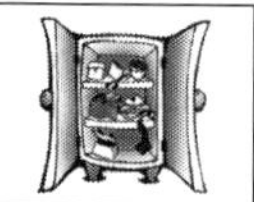

Musikalisches Pfänderspiel

Was wird benötigt: Karten, auf denen musikalische Aufgaben notiert sind, eine Decke oder eine große Tasche

Jeder Mitspieler gibt ein Pfand beim Spielleiter ab, zum Beispiel einen Schuh, einen Gürtel, ein Portemonnaie usw. Alle Pfänder werden unter einer Decke oder in einer großen Tasche gesammelt und nacheinander hervorgeholt. Damit der jeweilige Besitzer sein Pfand zurückgewinnt, muss er eine Karte ziehen und den musikalischen Auftrag erfüllen, der darauf notiert ist.
Zum Beispiel könnte dort stehen: Tanze einen Walzer mit einem Partner, imitiere einen Punkrocker, sing das erste Lied, das du singen konntest usw.

Tipp: Die Pfänder können auch durch eine Verlosung ermittelt werden.

79

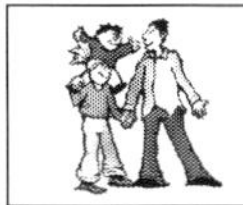

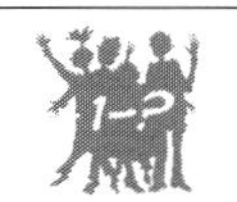

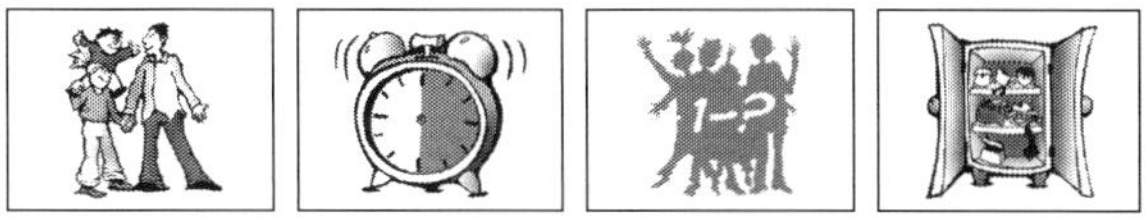

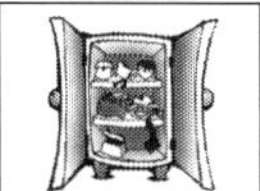

Lieder darstellen

Was wird benötigt: Karten, auf denen Liedtitel notiert sind, mindestens neun Mitspieler

Die Spieler bilden Dreier- oder Vierergruppen. Jede Gruppe bekommt eine Karte, auf der ein allseits bekannter Liedtitel notiert ist. Davon soll die erste Strophe gestisch und mimisch dargestellt werden.
Nach zehn Minuten Vorbereitungszeit versucht jede Gruppe den anderen zu vermitteln, um welches Lied es sich handelt. Dabei darf aber niemand sprechen oder Geräusche machen. Können die anderen das Lied erkennen?

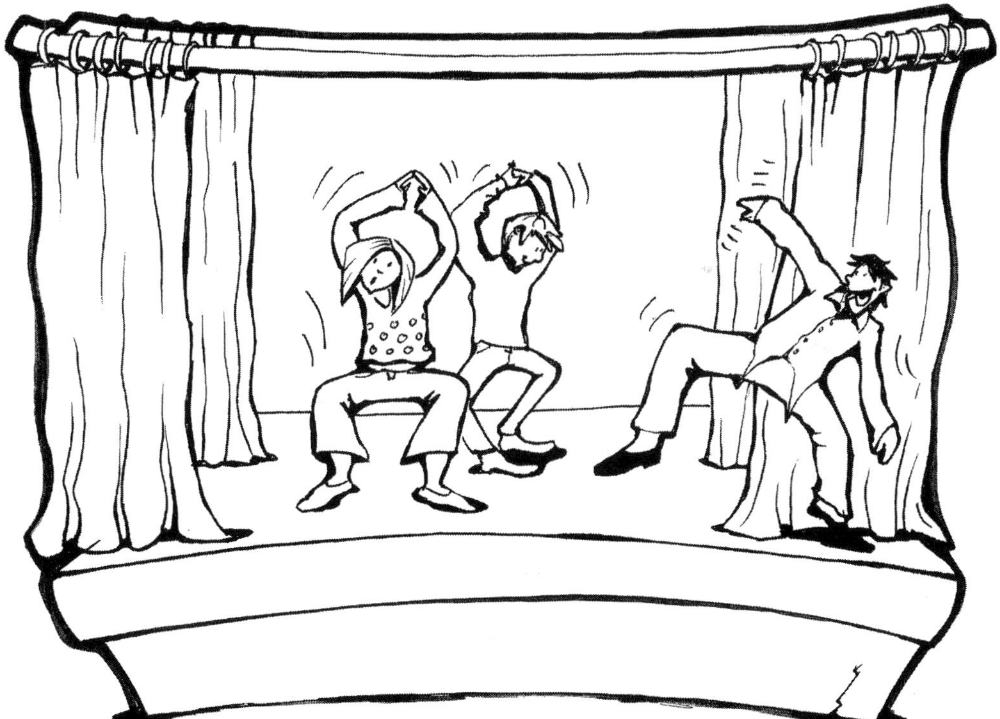

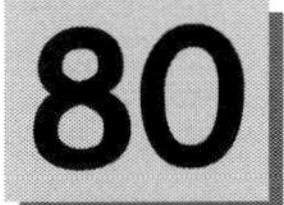
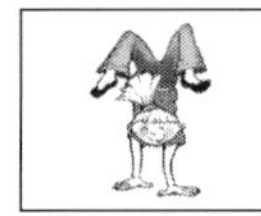
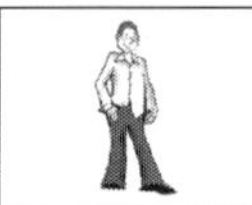
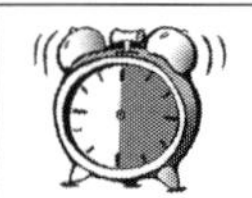

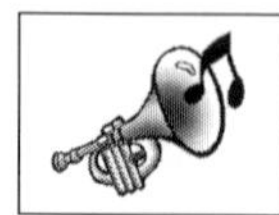
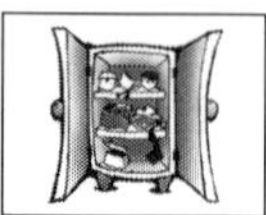

Klang und Gefühl

Was wird benötigt: möglichst viele Instrumente, Würfel, Tafel und Kreide oder große Papierbögen und Filzer

Zur Vorbereitung werden Worte in zwei Reihen an die Tafel geschrieben. Die erste Reihe umschreibt Klänge, die zweite Reihe bezeichnet verschiedene Gefühle. Das Ganze könnte etwa so aussehen:

1. hoch	1. Fröhlichkeit
2. tief	2. Angst
3. kraftvoll	3. Traurigkeit
4. zart	4. Wut
5. laut	5. Sensibilität
6. leise	6. Stärke

Die Mitspieler sitzen im Kreis und jeder würfelt zwei Mal. Der erste Wurf steht dabei für die erste Wortreihe, die Ziffer des zweiten Wurfes für die zweite. Diese gewürfelte Kombination soll jetzt auf einem frei gewählten Instrument dargestellt werden. Würfelt also jemand beispielsweise eine Zwei und eine Fünf, kann er entweder tiefe Noten mit viel Sensibilität spielen oder Angst laut darstellen. Ist die Gruppe mit dem Ergebnis einverstanden, darf der Nächste würfeln, stimmt sie der Darstellung nicht zu, muss der Mitspieler neu würfeln.

81

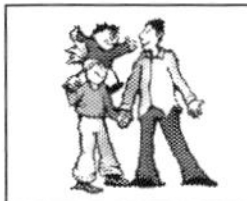
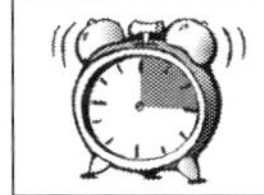
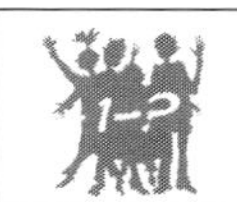

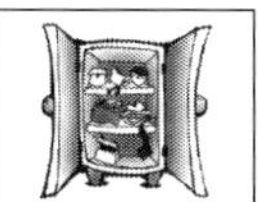

Kauderwelsch

Was wird benötigt: Karten, auf denen Alltagssituationen notiert sind

Die Spieler setzen sich zusammen in einen Kreis und jeder erhält eine Karte, auf der eine erdachte Situation notiert ist, zum Beispiel: „Dein Fahrrad hat eine Reifenpanne" oder „Du hast Ohrenschmerzen". Nacheinander versucht jeder in der Mitte seine Situation darzustellen. Dabei darf aber nur gestikuliert und im Kauderwelsch gesprochen werden. Das heißt, alle benutzen Nonsens-Silben oder -Worte und kombinieren die Sprache mit Gesang. Sobald jemand die Situation errät, ist er an der Reihe.

82

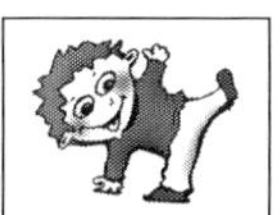

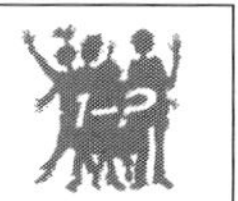

Bildende Kunst

Die Kinder teilen sich in kleine Gruppen zu immer drei oder vier Spielern auf. Jede Gruppe erhält eine Nummer. Gruppe 1 denkt sich ein Lied für Gruppe 2 aus, Gruppe 2 denkt sich eines für Gruppe 3 aus usw., aber die Titel werden nicht laut verraten.

Nun beginnt das eigentliche Spiel: Gruppe 1 stellt, setzt oder legt die Kinder aus Gruppe 2 in eine Position, die eine bestimmte Szene oder Situation aus dem Lied darstellt. Gruppe 3 rät dann, um welches Lied es sich handelt. Liegen die Kinder dabei richtig, muss Gruppe 2 das Lied singen. Dann darf Gruppe 2 mit Gruppe 3 ein Lied darstellen usw.

83

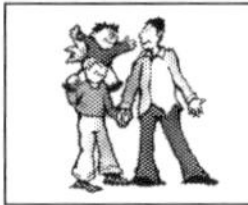

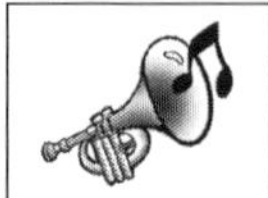
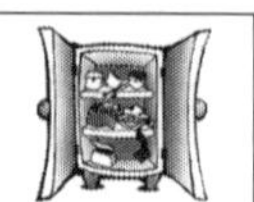

Geräusch-Maschine

Was wird benötigt: viele verschiedene Instrumente, Papier und Stifte, Tafel und Kreide oder große Papierbögen und Filzer

Der Spielleiter zeichnet eine Fantasie-Maschine an die Tafel, die aus vielen Hebeln, Rollen, Pumpen, Zahnrädern usw. besteht und die den optischen Eindruck macht, als würde sie viel Krach und Bewegung erzeugen.
Die Mitspieler teilen sich in Gruppen zu je vier oder fünf Spielern auf. Jede Gruppe bekommt mehrere Instrumente, die sie dazu benutzen soll, sich auszudenken, welche Geräusche die Maschine machen könnte. Die Ergebnisse können auch in einer Partitur aufgeschrieben werden, entweder in Noten, Worten oder Symbolen. Der Fantasie sind dabei keine Grenzen gesetzt. Nach zehn bis fünfzehn Minuten Vorbereitungszeit darf jede Gruppe ihre Maschine präsentieren.

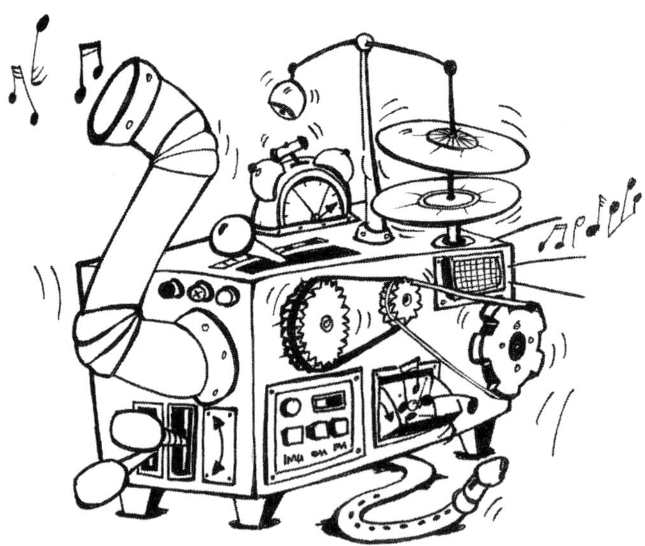

Variante: Die Gruppen können die Maschinen auch selbst zeichnen. Wer mag, denkt sich auch passende Bewegungen aus. Sind die Gruppen groß genug, können zum Beispiel ein paar die Geräusche machen und die anderen die Bewegungen.

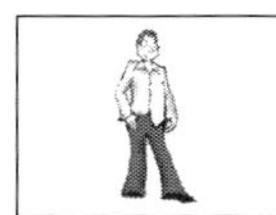

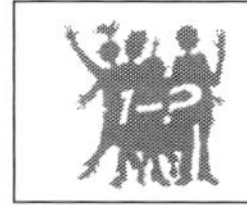

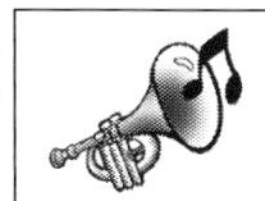

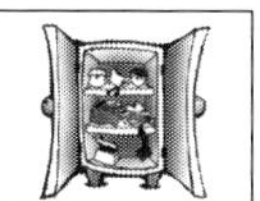

Musikalisches Porträt

Was wird benötigt: viele verschiedene Instrumente, Blanko-Karteikarten, Tafel und Kreide oder große Papierbögen und Filzer

Zur Vorbereitung werden viele Instrumente mit verschiedenen Ausdrucksmöglichkeiten bereitgelegt. Jeder notiert nun seinen eigenen Namen und den Namen eines Instrumentes auf einer Karte. Der Spielleiter sammelt die Karten ein, mischt sie und teilt sie aus. Niemand sollte dabei seine eigene Karte zurückbekommen.
Mithilfe des Instrumentes auf der Karte sollen nun alle nacheinander den anderen vermitteln, wessen Namen sie gezogen haben. Dabei darf nicht gesprochen werden und die Darstellung sollte nicht länger als 30 bis 60 Sekunden dauern. Errät die Gruppe, um wen es sich handelt, wird die Karte beiseite gelegt und der Nächste ist an der Reihe. Wird falsch geraten, bekommt der Mitspieler einen zweiten Versuch. Das Spiel ist zu Ende, wenn alle Mitspieler erraten wurden.

Variante: Anstelle der Namen kann auch mit Tieren, Ländern oder Berufen gespielt werden. In diesem Fall sollten aber alle verwendeten Begriffe vorher an die Tafel geschrieben werden.

85

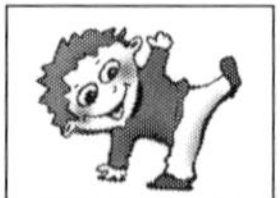
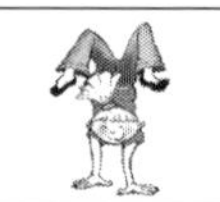

Lieder vorführen

Ein Kind denkt sich im Stillen ein Lied aus. Es geht in die Mitte und führt eine darin beschriebene Situation szenisch vor. Sobald ein anderes Kind das Lied erkennt, geht es ebenfalls in die Mitte und macht bei der Darstellung mit. Dabei darf aber niemand sprechen. Wenn längere Zeit niemand mehr das Lied erkennt oder alle wissen, welches Lied dargestellt wird, darf das nächste Kind sich ein Lied aussuchen.

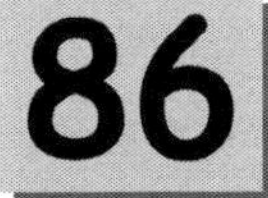

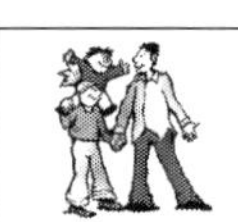

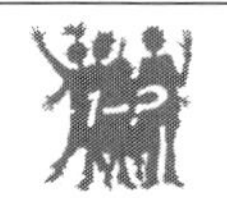
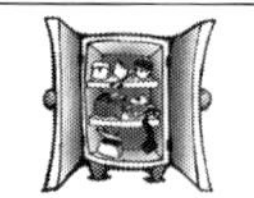

Bitte weitersagen

Was wird benötigt: ein Aufnahmegerät, ein großer Raum

Alle Mitspieler verlassen den Raum. Nur einer bleibt zurück, der sich eine kurze Melodie, einen kurzen Rhythmus oder eine kurze Reihenfolge von Geräuschen ausdenkt. Dann wird einer der draußen Wartenden hereingeholt, der sich die Improvisation seines Mitspielers anhört und einprägt. Er wiederholt das Gehörte wiederum vor dem Nächsten, der hereingeholt wird usw.
Je nach Möglichkeit kann man das Ganze aufnehmen, um nachzuvollziehen, wo sich Fehler eingeschlichen haben.

87

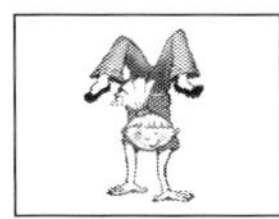
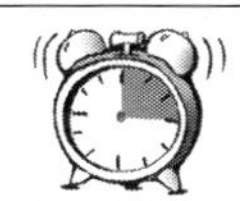

Bewegter Kanon

Die Kinder teilen sich in zwei Gruppen auf und singen zweistimmig einen bekannten Kanon, zum Beispiel „Bruder Jakob". Im Anschluss denkt sich jede Gruppe Bewegungen aus, die das Gesungene illustrieren, am besten pro Zeile eine Bewegung. Alle dürfen ein bisschen üben, dann wird der Kanon nochmals gesungen und durch die Bewegungen begleitet.

Variante 1: Die Kinder bilden vier Gruppen. Zwei Gruppen singen, die beiden anderen Gruppen begleiten den Gesang durch Bewegungen.

Variante 2: Eine weitere Gruppe begleitet den Rhythmus des Kanons mit Schlaginstrumenten, z. B. Klanghölzern.

Tipp: Wenn die Kinder noch Spaß daran haben und aufmerksam genug sind, kann man den Kanon drei- oder vierstimmig ausweiten.

88

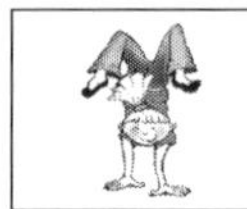
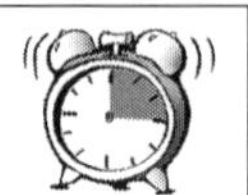

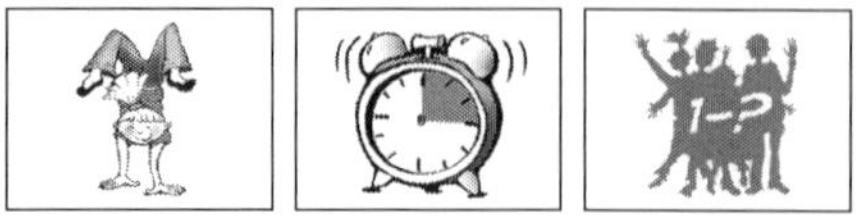

Auf dem Fußballplatz

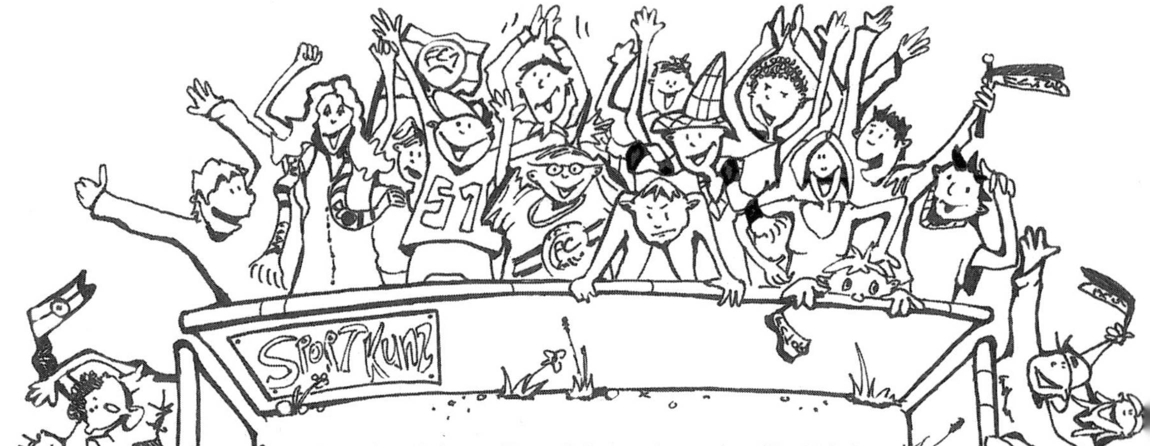

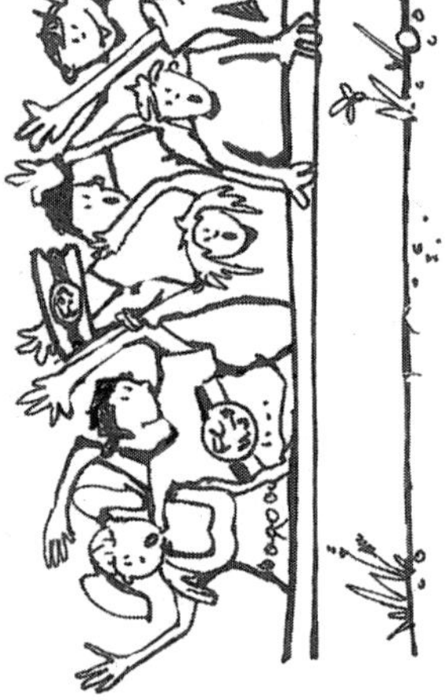

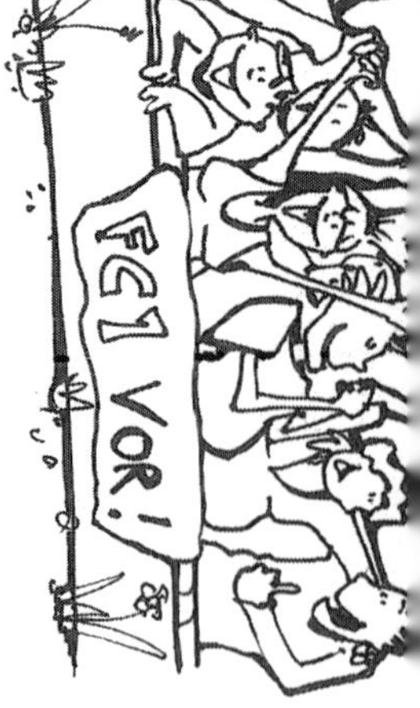

Die Mitspieler teilen sich in vier oder fünf kleinere Gruppen auf, die sich nebeneinander vor den Spielleiter stellen. Jede Gruppe bekommt eine Nummer und denkt sich einen Fangesang aus, der im Fußballstadion gesungen wird. Der Spielleiter signalisiert dann mit den Fingern seiner erhobenen Hand, welche Gruppe ihr Gejohle anstimmen kann. Lässt er die Hand sinken, hört die Gruppe auf. Er kann aber auch die zweite Hand dazunehmen, damit eine andere Gruppe mit einstimmt. So kann man kontrolliert Stadionstimmung erzeugen.

Such- und Ratespiele

Viele Spiele dieses Kapitels richten sich an Grundschulkinder, die in ihrem Alter eine besondere Vorliebe für Rätsel und Puzzle haben, weil sie ihnen die Möglichkeit geben, sich mit anderen messen zu können. Die nachfolgenden Spiele schließen an diese Entwicklungsphase an.
Das primäre Ziel der Spiele besteht darin, den Kindern die Entdeckung und Nutzung der vielfältigen musikalischen Ausdrucksmöglichkeiten näherzubringen. Gleichzeitig vermitteln sie ihnen die Auffassungsgabe, Dinge aus unterschiedlichen Perspektiven zu betrachten und sich ungewöhnliche Lösungswege zugänglich zu machen. Nebenbei schulen und stärken sie Fantasie und Intuition, die für die Entwicklung kreativer Fähigkeiten unabdingbar sind.

Merkmale und Eigenschaften:

- Die Spiele ermutigen zu eigenen Problemlösungen.
- Indem der Wettbewerbscharakter der Spiele hervorgehoben wird, lässt sich die notwendige Spannung erzeugen.
- Das Suchen und Raten benötigt aufmerksames Zuhören. Nur so lässt sich erkennen oder aufspüren, was gespielt oder imitiert wurde.

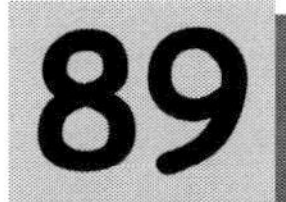

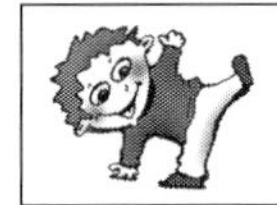 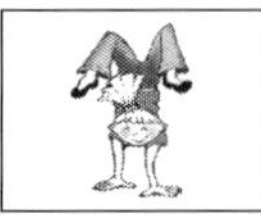 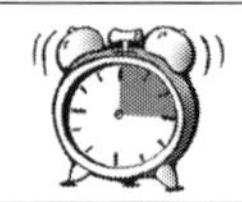  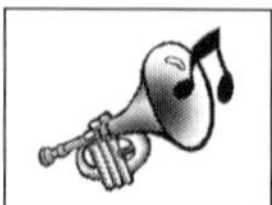

Was ist das für ein Geräusch?

Was wird benötigt: viele verschiedene Instrumente

Die Kinder setzen sich alle in einen Kreis um die verschiedenen Instrumente. Jedes imitiert auf einem der Instrumente ein Geräusch. Das kann zum Beispiel ein Vogel sein, vielleicht ein Specht, ein Kakadu oder ein Kanarienvogel, es kann aber auch ein anderes Tier sein, z. B. ein Pferd oder ein Elefant, oder ein Haushaltsgerät wie der Staubsauger oder die Kaffeemaschine. Auch ein Motorengeräusch oder sogar ein anderes Instrument sind denkbar, der Fantasie sind hier keine Grenzen gesetzt. Der Spielleiter beginnt die Runde, indem er sein Geräusch vorspielt. Das Kind, das richtig rät, was damit dargestellt werden soll, darf weitermachen usw. Das Spiel kann so lange fortgesetzt werden, bis niemand mehr eine Idee hat oder die Zeit abgelaufen ist.

Tipp: Für dieses Spiel sollten in jedem Fall viele verschiedene Instrumente mit unterschiedlichen Ausdrucksmöglichkeiten zur Verfügung stehen, sonst geht die Inspiration zu schnell aus. Wer will, kann die Kinder vorher mit den Instrumenten experimentieren lassen.

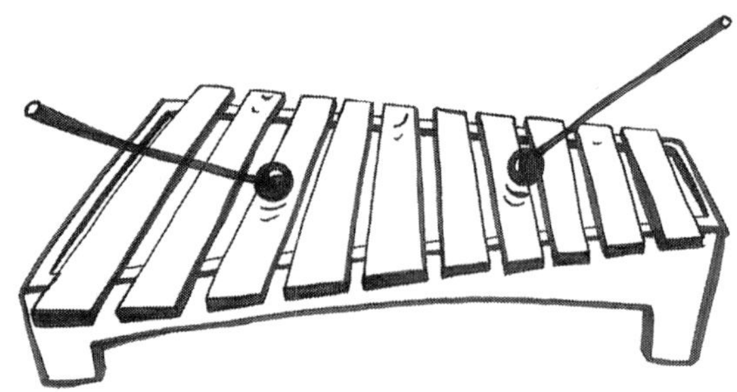

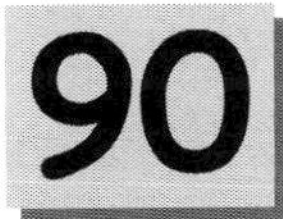

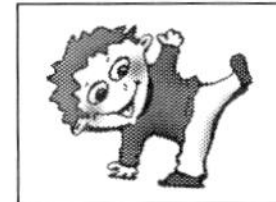
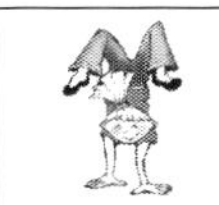

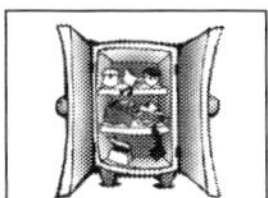

Was bin ich?

Was wird benötigt: Karten, auf denen Namen von Instrumenten notiert sind, Sicherheitsnadeln oder Klebeband

Die Mitspieler sitzen im Kreis. Der Spielleiter befestigt jedem am Rücken eine Karte mit dem Namen eines Instrumentes. Es dürfen alle gucken, welches Instrument bei den anderen auf der Karte steht, aber niemand erfährt sein eigenes.
Nun sollen alle herausfinden, welches Instrument sie darstellen. Dazu sucht sich jeder einen Spielpartner, mit dem er sich abwechselnd Fragen stellt. Die Fragen dürfen nur mit Ja oder Nein beantwortet werden. Zum Beispiel lautet die erste Frage: „Ist es ein Streichinstrument?" Der andere bejaht oder verneint und fragt dann selbst etwas. Das geht so lange weiter, bis einer von beiden weiß, welches Instrument er verkörpert.

91

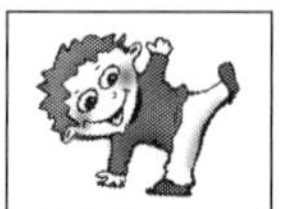

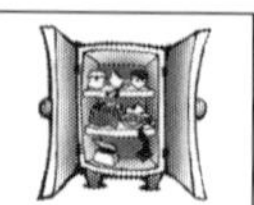

Welches Lied ist das?

Was wird benötigt: Zettel oder Karten, auf denen Liedanfänge notiert sind

Die Kinder teilen sich in drei oder vier Gruppen auf, die sich abseits voneinander hinsetzen. Der Spielleiter hält einen Zettel in die Höhe, auf dem in großen, gut lesbaren Buchstaben das erste Wort oder die ersten Worte eines bekannten Liedes stehen. Alle Kinder müssen gleichzeitig erkennen können, was auf dem Zettel steht.

Fuchs, du ...

Die Gruppe, die als Erste das richtige Lied vorsingen kann, bekommt einen Punkt. Das wiederholt man einige Male. Die Gruppe, die am Ende die meisten Punkte hat, hat gewonnen.

Variante: Anstelle der Worte können auch Situationen gezeichnet werden, die im Lied vorkommen.

92

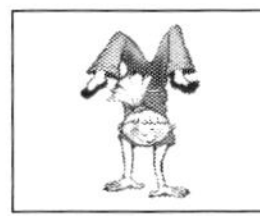

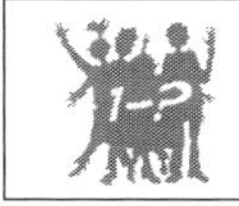

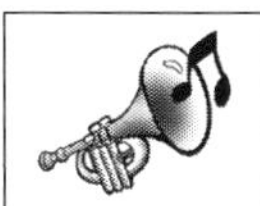
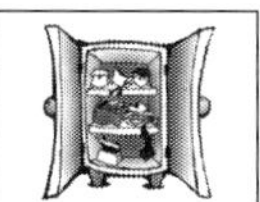

Versteckte Instrumente

Was wird benötigt: ein Waldgelände, in dem man gefahrlos spielen kann, Instrumente und eine Liste, auf der die Instrumente verzeichnet sind, Karten, auf denen einzelne Worte eines Satzes stehen

Die Mitspieler teilen sich in zwei Gruppen auf. Aus Gruppe A hat jeder ein Instrument und sucht sich ein gutes Versteck. Im Versteck spielen alle auf ihrem Instrument. Gruppe B erhält eine Liste, auf der die Instrumente von Gruppe A verzeichnet sind und sucht nun dem Gehör nach die Instrumente in der Reihenfolge, in der sie auf dem Papier stehen. Haben sie ein Instrument gefunden, streichen sie es von der Liste und erhalten von dem Mitspieler eine Karte, auf der ein Wort steht. Die Karten werden vorher in beliebiger Reihenfolge an alle Mitspieler aus Gruppe A ausgegeben.
Hat Gruppe B alle Instrumente gefunden, bilden die Mitspieler aus den einzelnen Worten auf den Karten einen Satz und bringen das Ergebnis dem Spielleiter. Dieser stoppt die Zeit, die die Gruppe für die Suche und die Lösung gebraucht hat. Dann werden die Rollen getauscht. Gruppe A sucht die Instrumente nach einer geänderten Reihenfolge und erhält einen anderen Satz. Wer insgesamt weniger Zeit benötigt hat, gewinnt.

Variante 1: Jeder sucht alleine. Alle aus Gruppe B erhalten eine Liste der Instrumente mit unterschiedlicher Reihenfolge. Wer den Satz als Erster bilden kann, ist der Gewinner der Gruppe.

Variante 2: Statt Instrumenten erhält jeder, der sich verstecken soll, einen Zettel mit einem Liedtitel und singt diesen so lange in seinem Versteck, bis er gefunden worden ist.

93

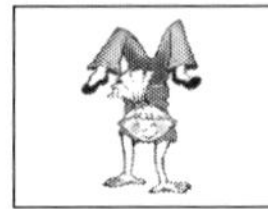
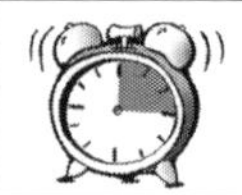

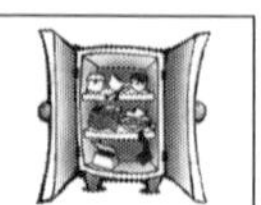

Telefonspiel

Was wird benötigt: zwei Würfel, Papier und Stifte, 14 Mitspieler

Ein Mitspieler verlässt den Raum, er ist der „Anrufer“. Alle anderen stellen sich im Kreis auf und erhalten eine Nummer von 0 bis 12. Der Spielleiter oder die Gruppe überlegt sich ein Lied. Die Spieler mit den Nummern 1 bis 12 bekommen die ersten zwölf Worte des Liedes zugeordnet, wer die 0 hat, gibt den Anfangston vor.

Dann wird der Mitspieler von draußen hereingeholt und würfelt vier Mal: zwei Mal mit nur einem Würfel und zwei Mal mit beiden Würfeln. Die gewürfelten Zahlen werden auf einem Blatt Papier hinter einer 0 notiert, zum Beispiel 0 – 2 – 5 – 11 – 7. Der „Anrufer“ tippt die Mitspieler mit diesen Nummern an. Derjenige mit der 0 gibt dann den Anfangston vor und die anderen vier nennen ihre Worte. Errät der „Anrufer“ daraufhin das Lied, werden die Rollen getauscht. Liegt er falsch, darf er noch mal würfeln und neu raten.

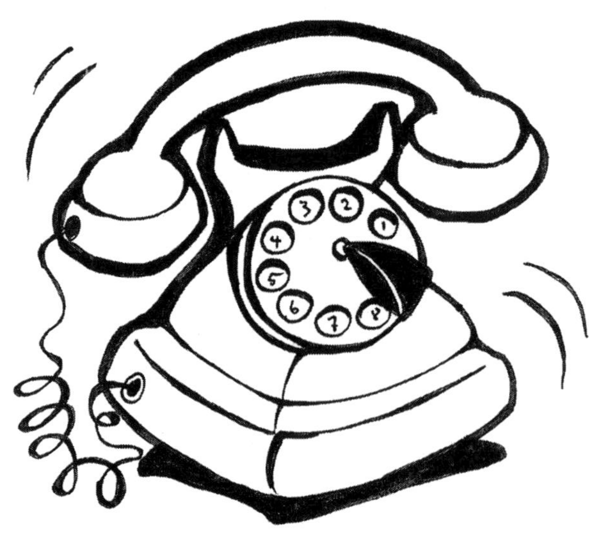

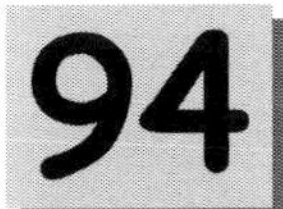
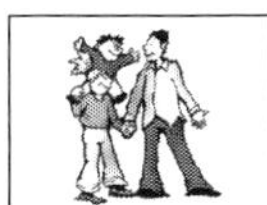
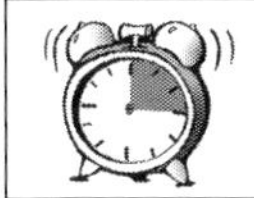
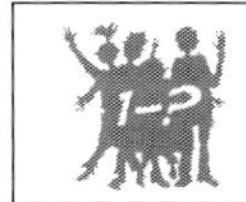
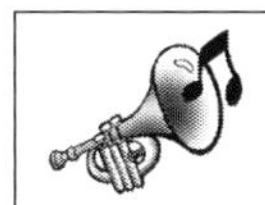
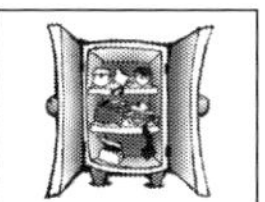

Sprichwörter raten

Was wird benötigt: Instrumente, Karten, auf denen Sprichworte notiert sind

Alle sitzen zusammen in einem Kreis und jeder erhält eine Karte, auf der ein Sprichwort notiert ist. Nun sind alle nacheinander an der Reihe. Jeder sucht sich ein Schlüsselwort aus seinem Sprichwort aus und macht ein entsprechendes Geräusch dazu, entweder mit einem Instrument oder mit der Stimme. Lautet das Sprichwort zum Beispiel „Den Letzten beißen die Hunde", kann ein Bellen imitiert werden. Die Gruppe rät dann, um welches Sprichwort es sich handelt. Kommt niemand auf die richtige Lösung, darf der Mitspieler es nochmals mit einem anderen Schlüsselwort versuchen. Das Spiel ist zu Ende, wenn alle Sprichwörter erraten worden sind.

Variante: Für Einfallsreiche können die Sprichworte auch durch Berufe ersetzt werden.

Tipp: Bei zu vielen Mitspielern können die Sprichwörter in kleinen Gruppen vorgestellt werden.

95

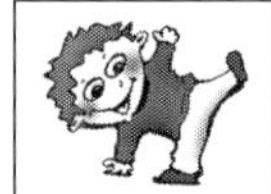
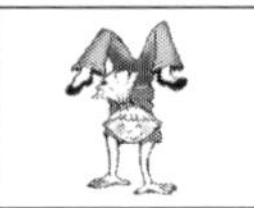
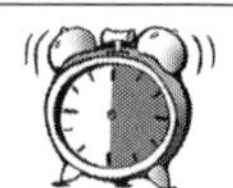
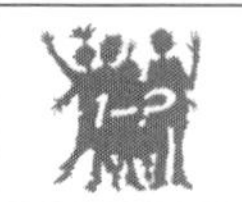
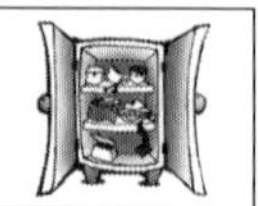

Glücksgriff

Was wird benötigt: Bilder aus Zeitschriften, Briefumschläge

Zur Vorbereitung werden zwölf Bilder und Fotografien aus Zeitschriften und Magazinen ausgeschnitten, die auf zwölf bekannte Lieder verweisen. Zum Beispiel eignet sich ein Bild von einer Uhr für „Rock Around the Clock". Die Bilder werden in separate Briefumschläge gesteckt und kommen zusammen in eine große Kiste. Gleichzeitig wird an die Tafel oder auf einen großen Zettel eine Liste der Liedtitel geschrieben.
Die Mitspieler teilen sich in drei oder vier kleinere Gruppen auf. Jede Gruppe zieht einen der Umschläge aus der Kiste. Innerhalb von 30 Sekunden sollen sie anhand des Bildes erraten, um welches Lied es sich handelt und es vorsingen. Liegen sie damit richtig, bekommen sie einen Punkt. Die Gruppe mit den meisten Punkten hat gewonnen.

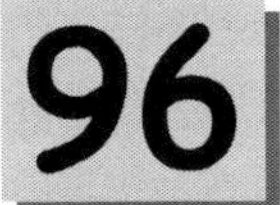

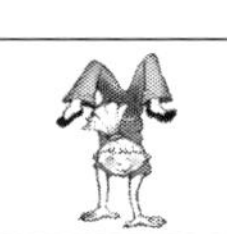
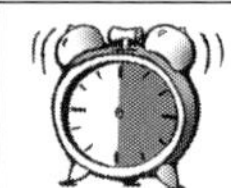
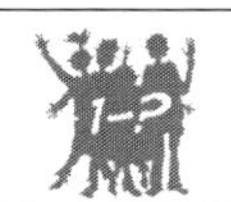
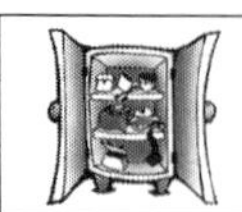

Zeichne dein Lied

Was wird benötigt: Tafel und Kreide oder große Papierbögen und Filzer

Die Mitspieler teilen sich in drei oder vier Gruppen auf. Jede Gruppe darf sich kurz beraten, bevor einer von ihnen ein Detail aus einem bekannten Lied an die Tafel zeichnet, zum Beispiel ein Gitterfenster für „Jailhouse Rock". Die anderen Gruppen raten derweil, um welches Lied es sich handeln könnte und singen es vor. Sie müssen dabei aber nicht abwarten, bis die Zeichnung vollendet ist. Wer als Erster richtig rät, bekommt einen Punkt. Am Ende werden die Punkte zusammengezählt. Gewinner ist, wer die meisten Punkte hat.

97

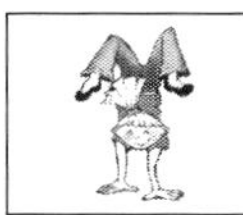

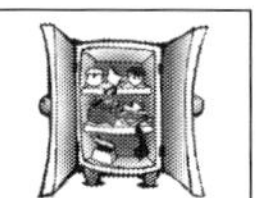

Musikalische Geheimsprache

Was wird benötigt: Tafel und Kreide oder große Papierbögen und Filzer

Für dieses Spiel wird ein Geheimcode verabredet, mit dem Worte in Noten verschlüsselt werden können und umgekehrt. Am einfachsten geht dies, wenn man jedem Buchstaben des Alphabetes eine Note einer chromatischen Tonleiter, begonnen mit C, zuordnet.

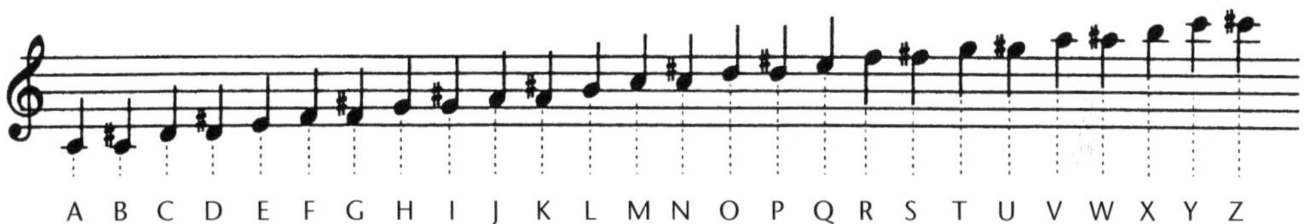

Damit können nun zum Beispiel Fragen gestellt und Antworten gegeben werden oder man versucht sich in einem Gespräch.

98

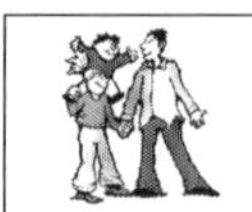

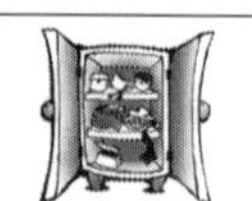

Buchstabenspiel

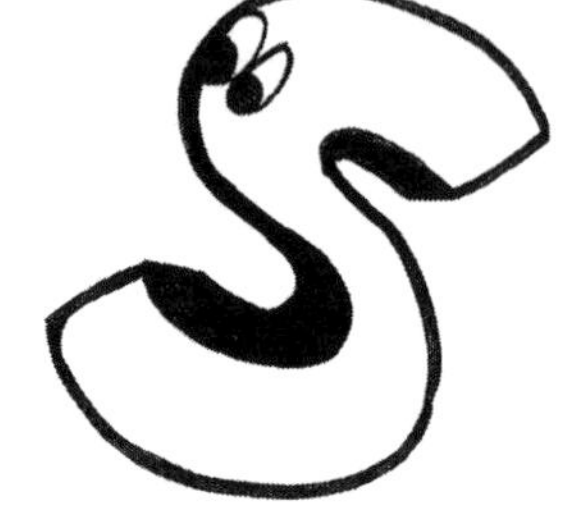

Was wird benötigt: Papier und Stifte, eine Zeitung

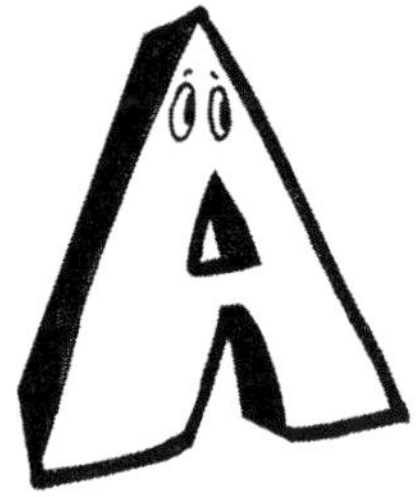

Dieses Spiel kann entweder in kleinen Gruppen oder mit einzelnen Mitspielern gespielt werden. Jede Gruppe oder jeder Spieler bekommt einen Zettel, der in die drei Spalten „Instrument", „Gruppe/Band" und „Lied" eingeteilt ist. Nun wird willkürlich ein Buchstabe des Alphabetes gesucht. Dies kann man zum Beispiel machen, indem ein Mitspieler mit geschlossenen Augen mit einem Stift auf einen Punkt einer Zeitung zeigt. Ab diesem Zeitpunkt bekommt jeder eine Minute Zeit, mit diesem Anfangsbuchstaben so viele Instrumente, Gruppen und Lieder aufzuschreiben wie möglich.

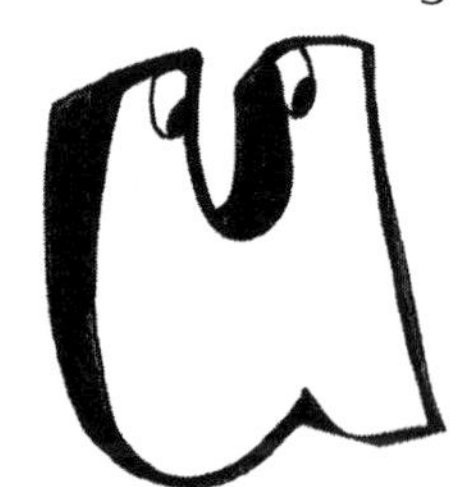

Wenn jeder einmal den Buchstaben bestimmen durfte, mit dem gespielt werden soll, werden die Ergebnisse verglichen. Wer die meisten richtigen Einträge hat, gewinnt.

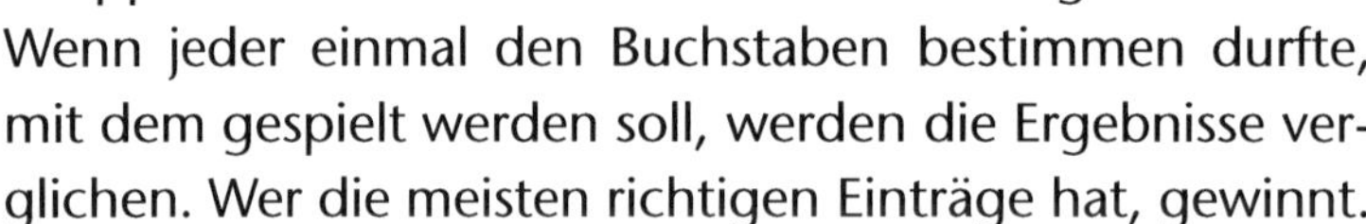

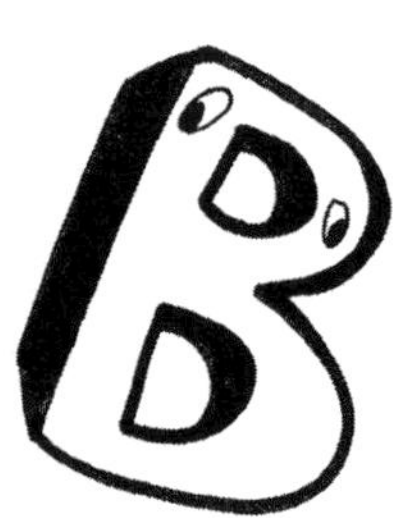
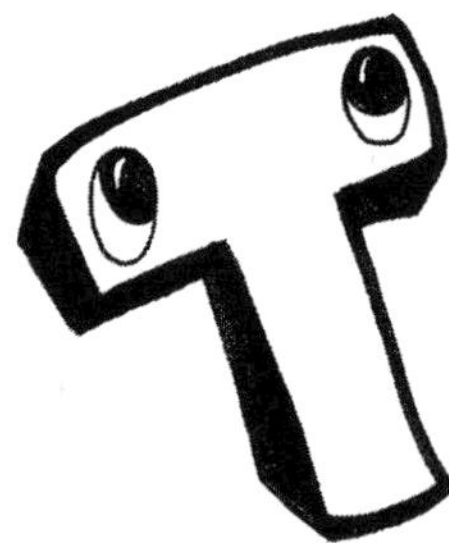
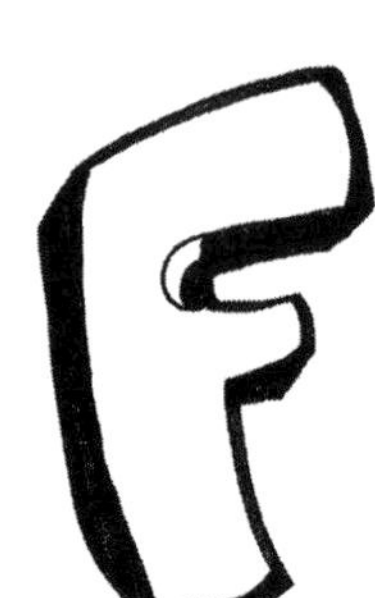

Musikalische Brettspiele

Die hier vorgestellten Spiele können entweder regulär mit Figuren oder als lebendes Brettspiel gespielt werden, was bedeutet, dass die Spieler durch Würfeln ermitteln, wohin sie selbst auf einer festgelegten Route gehen sollen. An den verschiedenen Stationen werden musikalische Aufträge erfüllt, für deren Lösung Punkte vergeben werden. Gewonnen hat, wer die höchste Punktzahl erreicht.

Aufgrund der benötigten Zeitdauer und der besonders vielfältigen Gestaltungsmöglichkeiten werden diese Spiele in einem eigenen Kapitel vorgestellt, auch wenn sie theoretisch den Ausdrucks- und Improvisationsspielen hätten zugeordnet werden können.

Da sie einen festgelegten Rahmen haben, trauen sich auch bereits Kinder, experimentierfreudiger mit eigenen Ideen zu werden. Wenn man neue Routen und Aufträge erfindet, können diese Spiele viele Male gespielt werden.

Merkmale und Eigenschaften:

- Diese Spiele beinhalten alle Eigenschaften der Ausdrucksspiele.
- Spielt man mit Figuren, können eigene Versionen des Spielbrettes entwickelt werden. Spielt man als lebendes Brettspiel, wird ein Raum oder Gebäude als Parcours genutzt, in dem einzelne Personen oder Gruppen als Spielfiguren agieren.
- Bei gutem Wetter bietet es sich an draußen zu spielen. Gerade ein kleines Waldgebiet eignet sich toll für eine musikalische Schnitzeljagd. (Vergleiche hierzu Spiel 101)
- Brettspiele oder Schnitzeljagden können von den Teilnehmern selbst entworfen werden. Dabei wird die Fantasie aller angeregt und in interessanten Experimenten umgesetzt.
- An einem lebenden Spiel kann eine große Gruppe teilnehmen, dann spielen immer drei, vier oder fünf Mitspieler zusammen. An der Version als Brettspiel können dagegen nur wenige teilnehmen.
- Es sollte ausreichend Zeit zur Vorbereitung und zur Umsetzung des Spiels eingeplant werden. Der Spaß, der daraus resultiert, wiegt alle Vorbereitungszeit auf.

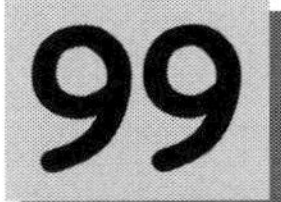

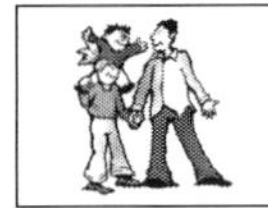
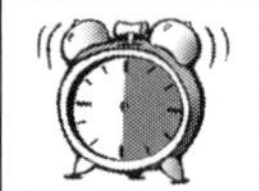

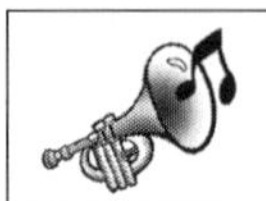
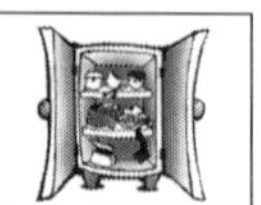

Lebendes Brettspiel

Was wird benötigt: Karten, auf denen musikalische Aufträge notiert sind, Instrumente, Würfel, Materialien, die für die musikalischen Aufträge eventuell benötigt werden

Vorbereitung:

Je nach Zeit und Platz wird eine Route festgelegt, die durch das ganze Gebäude oder einen Teil des Gebäudes führt. Dabei sollten Flure, verschiedene Räume, der Dachboden, der Keller usw. einbezogen werden. Der Weg wird durch Pfeile gekennzeichnet oder man fertigt einen exakten Plan auf dem Papier an, der an die Mitspieler ausgeteilt wird. Die Räume und Streckenposten werden nummeriert und an einzelnen Posten werden klar verständliche Aufträge hinterlegt, die die Spieler erfüllen sollen. Die Aufträge verleihen dem Spiel die Spannung und Herausforderung und sollten humoristisch die Kreativität der Mitspieler fordern. Alles, was eventuell zur Erfüllung der Aufträge benötigt wird – Instrumente, Papier, Stifte, Kassettenrekorder usw. – sollte vor Ort bereitstehen. Die Aufträge müssen aber nicht immer am jeweiligen Standort erfüllt werden, man kann die Spieler dazu auch an einen anderen Ort oder nach draußen schicken. Wichtig ist nur, dass alles, was gebraucht wird, dort zu finden ist.

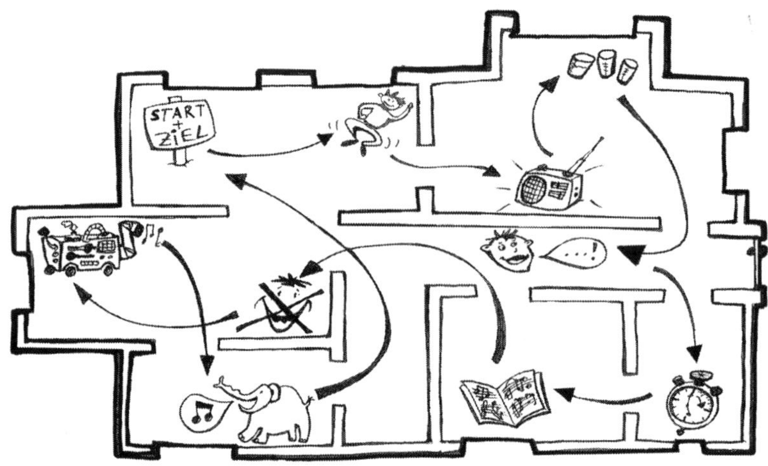

Vorschläge für die Aufträge:

1. Stellt ein Instrument dar und spielt darauf!
2. Führt zur Begleitung von Bongos einen Affentanz auf!
3. Singt ein Lied, aber nur auf den Silben „Hi-hi-hi" oder „Ha-ha-ha"!
4. Singt zu dritt drei verschiedene Lieder gleichzeitig, ohne zu lachen!
5. Befüllt Gläser unterschiedlich hoch mit Wasser, sodass verschiedene Tonhöhen entstehen. Spielt darauf eine Melodie!
6. Stellt als Gruppe eine Maschine in Bewegung und mit ihren Geräuschen dar!
7. Wie lange könnt ihr einen Ton halten, ohne Luft zu holen? Stoppt die Zeit!
8. Erfindet ein Lied mit vier Zeilen über ...
9. Singt ein Lied mit Tierstimmen!
10. Denkt euch einen 30-Sekunden-Werbespot aus!
11. Schreibt alle Geräusche auf, die ihr gerade hört!

Durchführung:

Die Spieler teilen sich in Dreier- oder Vierergruppen auf. Jede Gruppe erhält einen Würfel und eine Kontrollkarte, die vom Spielleiter ausgefüllt wird, wenn ein Auftrag erfüllt worden ist. Darauf notiert der Spielleiter auch die vergebenen Punkte, je nachdem, wie und ob die Aufgabe erfüllt worden ist. Wenn möglich beaufsichtigen auch mehrere Spielleiter das Spiel.
Jede Gruppe würfelt und rückt so zu den Posten vor. Am besten wird im Fünf-Minuten-Abstand gewürfelt, damit nicht alle auf einmal loslaufen. Wichtig ist nicht, wer als Erster am Ziel ankommt, sondern wer die Aufträge am originellsten ausführt und damit die meisten Punkte sammelt. Für jeden Auftrag wird vorher eine bestimmte Zeitdauer festgelegt, die beansprucht werden darf.

100

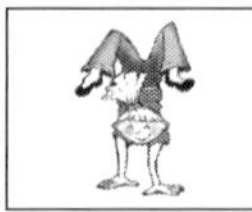

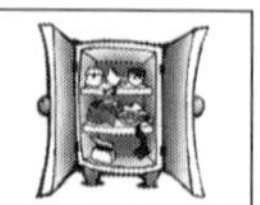

Schul-Brettspiel

Was wird benötigt: mindestens drei Würfelsets

Vorbereitung:

Sechs Räume oder Spielfelder werden nummeriert, in denen jeweils ein Auftrag erfüllt werden soll. Nach Möglichkeit wartet in jedem Raum ein Spielleiter, der auf die Zeit und die Durchführung der Aufträge achtet. Gleichzeitig werden sechs Bilder von einem Schulgebäude gezeichnet und jedes wird in vier Teile zerschnitten, sodass man 24 Puzzleteile erhält. Diese landen alle an einem zentralen Ort in einer Kiste.
Zuletzt werden die Aufgaben geschrieben. Dabei sollten für jeden Raum mehrere Aufgaben eingeplant werden, damit Gruppen, die beim Würfeln mehr als einmal im selben Raum landen, immer etwas anderes tun können.

Vorschläge für die Aufträge:

1. Denkt euch ein Lied mit vier Zeilen aus, wie ihr über eure Hausaufgaben denkt.
2. Lasst euch so viele Lieder wie möglich von einer einzigen Sängerin einfallen und schreibt sie auf.
3. Erfindet einen Radio-Werbespot mit Musik für euren liebsten Pausenimbiss. Nehmt ihn auf!
4. Macht als Gruppe die Geräuschkulisse, die auf einem Spielplatz zu hören ist.
5. Tut so, als wärt ihr im Schulbus. Singt ein entsprechendes Lied.
6. Erfindet ein Interview mit einem Mitspieler, der gerade seinen Abschluss gemacht hat.
7. Zeigt mithilfe eines Instrumentes, wie ihr euch morgens direkt nach dem Aufstehen fühlt.

Durchführung:

Die Spieler teilen sich in Gruppen zu vier oder fünf Mitspielern auf. Jede Gruppe bekommt einen Würfel, mit dem sie bestimmen kann, in welchen Raum sie gehen muss. Dort wird ein bereitliegender Auftrag erfüllt. Ist die Gruppe erfolgreich, darf sie eines der Puzzleteile ziehen und erneut würfeln. Die nun gewürfelte Zahl wird zu der Nummer des Raumes addiert, in dem sich die Gruppe gerade befindet. Ist das Resultat höher als die Zahl sechs, werden sechs subtrahiert. Wird auch im nächsten Raum der Auftrag gut erfüllt, zieht die Gruppe noch ein Puzzlestück. Die Gruppe, die als Erste das Bild von der Schule wieder zusammensetzen kann, hat gewonnen.

101

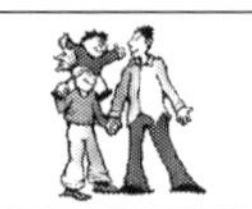
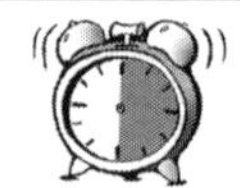

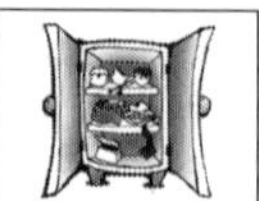

Musikalische Schnitzeljagd

Was wird benötigt: Tafel und Kreide oder große Papierbögen und Filzer, Material, das gebraucht wird, um die Aufträge zu erfüllen

Vorbereitung:

Für die musikalische Schnitzeljagd wird eine Wegbeschreibung angefertigt, die passend zum Spiel in musikalischer Notation aufgeschrieben wird. Als Verschlüsselung wäre Folgendes vorstellbar:

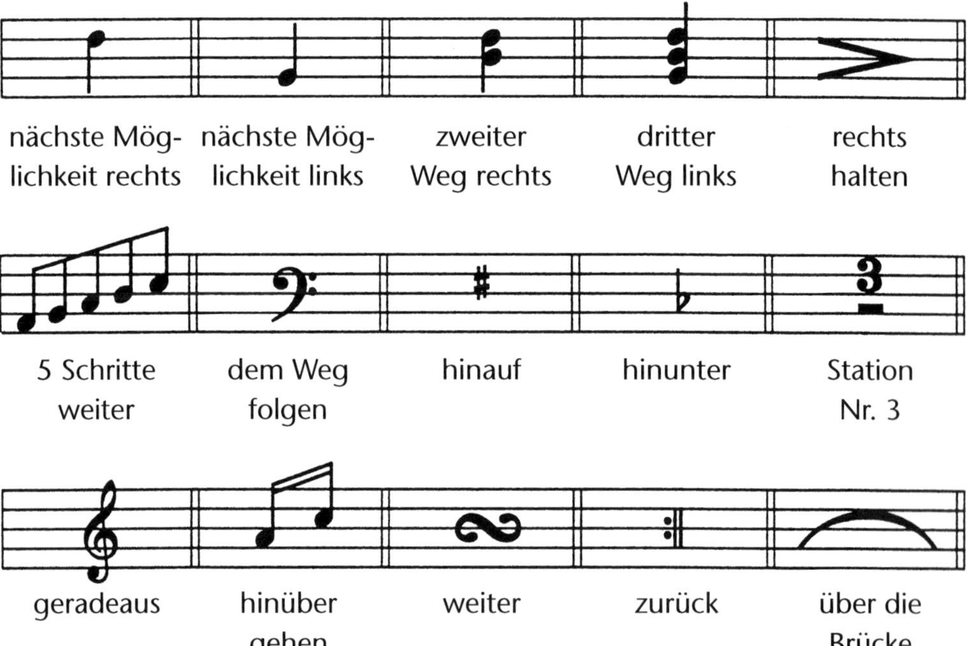

Im Anschluss werden verschiedene Aufträge auf Karten geschrieben und die dazu jeweils benötigten Materialien verteilt. Die Auftragskarten werden an ausgewählten Stellen der Route hinterlegt. Alternativ können an allen Posten Helfer stehen, die die jeweiligen Aufträge erklären. Entweder können die Aufgaben direkt an Ort und Stelle ausgeführt werden oder erst dann, wenn alle Gruppen sich wieder versammelt haben.

Vorschläge für die Aufträge:

1. Sucht sechs verschiedene Gegenstände, mit denen man Musik machen kann (zwei pflanzliche, zwei tierische, zwei mineralische).
2. Schließt für zwei Minuten die Augen und schreibt alle Geräusche auf, die ihr gewöhnlich in der Schule oder zu Hause hört.
3. Imitiert Pinguine, die im Wasser spielen.
4. Macht zusammen eine Rhythmusgruppe auf, indem ihr alles benutzt, was ihr finden könnt. (Zum Beispiel Stöcke, Steine, Blätter oder den eigenen Körper.)
5. Nehmt Vogelstimmen auf.
6. Setzt euch auf eine Bank und denkt euch ein Lied darüber aus, was Menschen normalerweise tun, wenn sie auf einer Bank sitzen.
7. Schreibt alle Lieder über Bäume auf, die euch einfallen.

Durchführung:

Die Spieler bilden Gruppen zu dritt oder viert. Jede Gruppe bekommt eine Wegbeschreibung, Papier und Stifte und wird in regelmäßigem Abstand zu den anderen losgeschickt. Der Spielleiter entscheidet über die Höhe der Punktzahl, die an die einzelnen Gruppen für das Erfüllen der Aufträge vergeben wird.

102 Brettspiel „Wer gewinnt?“

Was wird benötigt: Spielfiguren, Würfel, in den Aufgaben angegebene Instrumente und Materialien

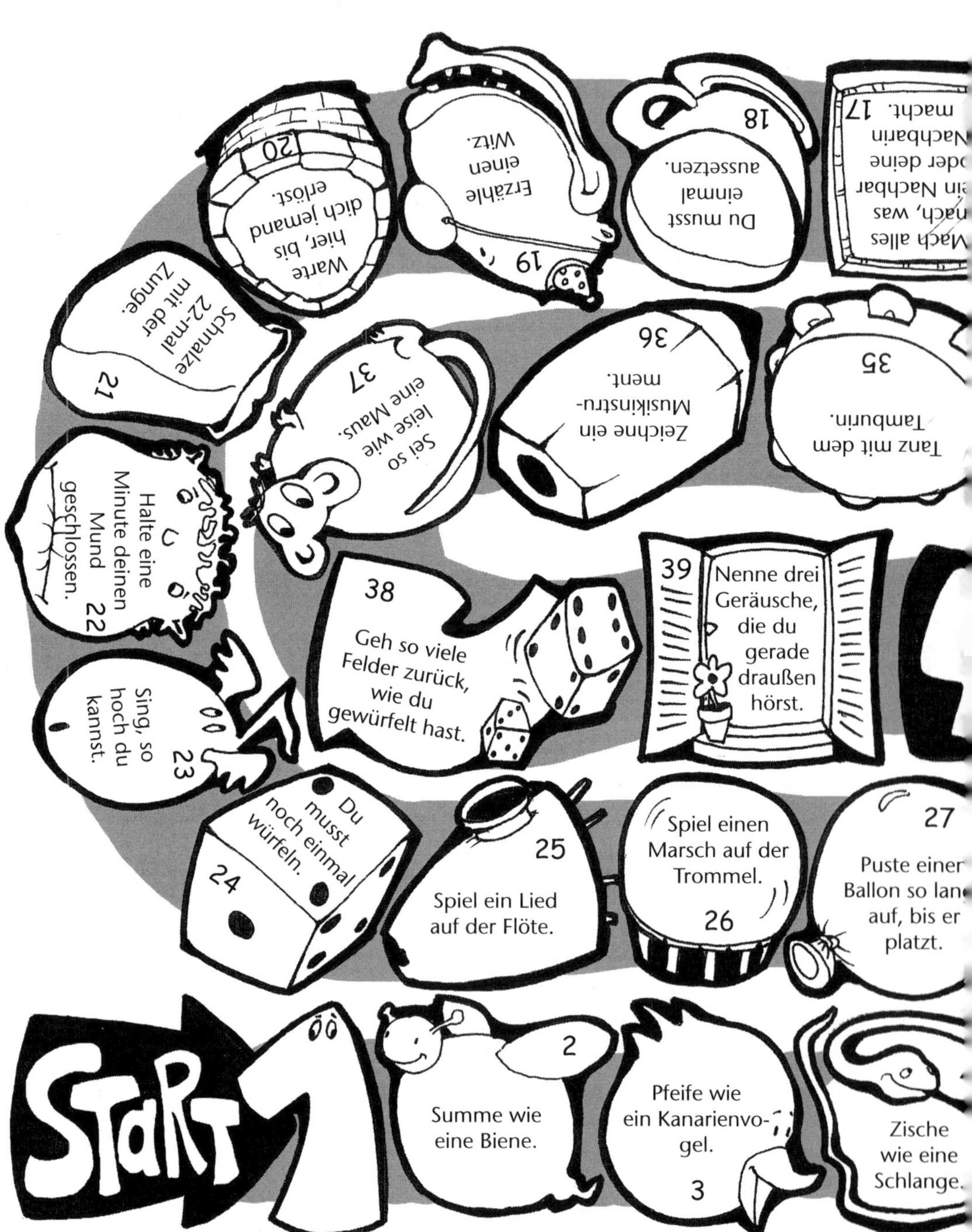

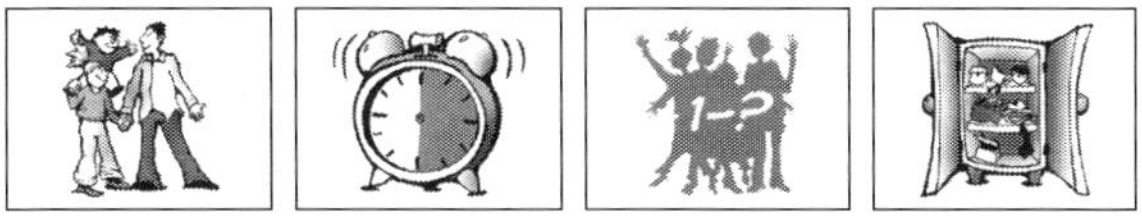

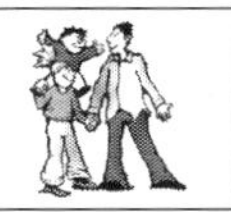

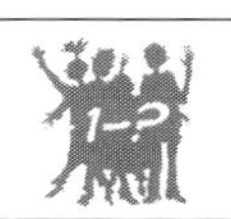

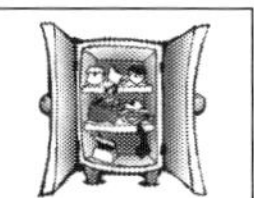

Das Spielbrett kann kopiert und vergrößert werden.

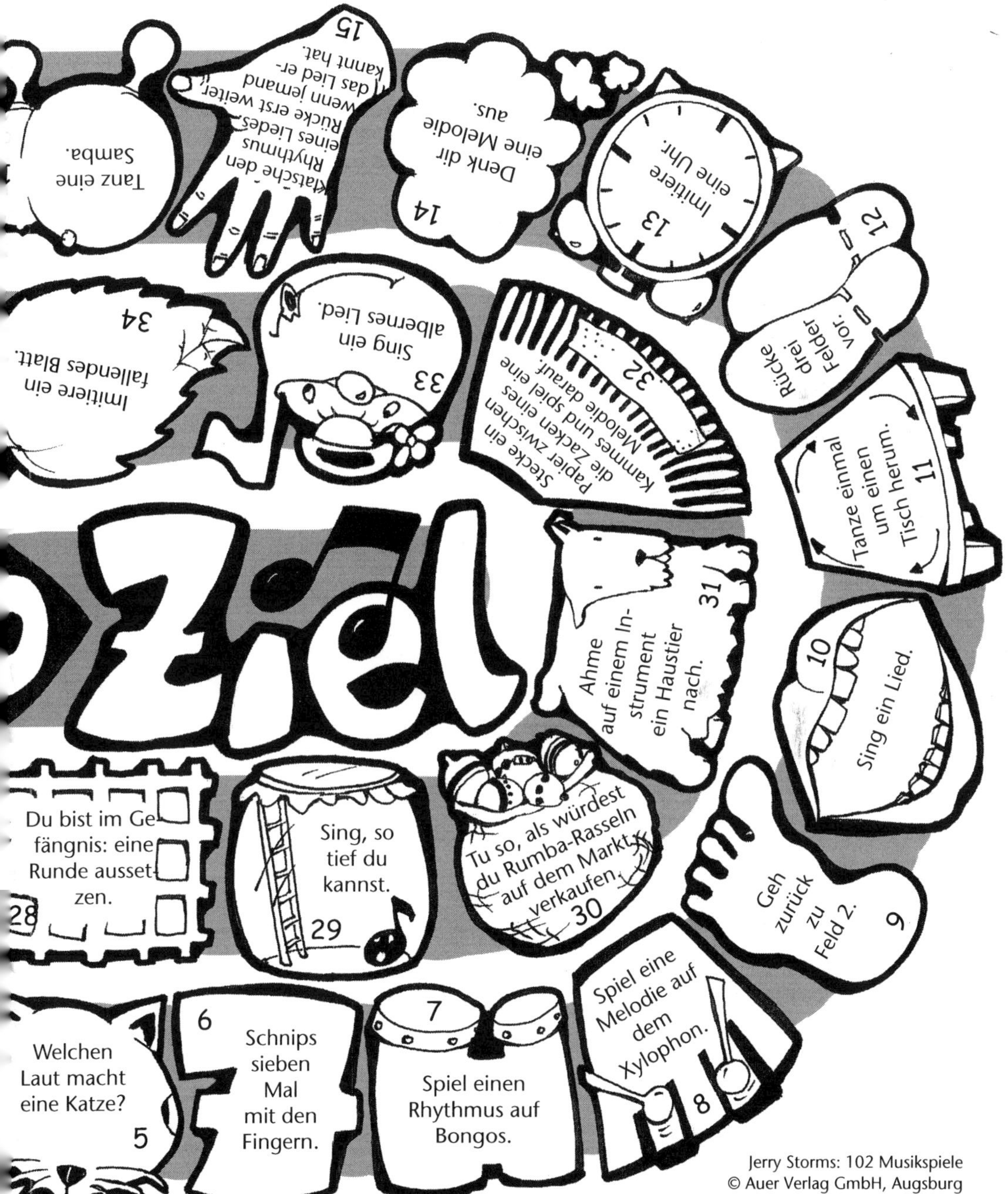

5 Welchen Laut macht eine Katze?

6 Schnips sieben Mal mit den Fingern.

7 Spiel einen Rhythmus auf Bongos.

8 Spiel eine Melodie auf dem Xylophon.

9 Geh zurück zu Feld 2.

10 Sing ein Lied.

11 Tanze einmal um einen Tisch herum.

12 Rücke drei Felder vor.

13 Imitiere eine Uhr.

14 Denk dir eine Melodie aus.

15 Klatsche den Rhythmus eines Liedes. Rücke erst weiter, wenn jemand das Lied erkannt hat.

Tanz eine Samba.

28 Du bist im Gefängnis: eine Runde aussetzen.

29 Sing, so tief du kannst.

30 Tu so, als würdest du Rumba-Rasseln auf dem Markt verkaufen.

31 Ahme auf einem Instrument ein Haustier nach.

32 Stecke ein Papier zwischen die Zacken eines Kammes und spiel eine Melodie darauf.

33 Sing ein albernes Lied.

34 Imitiere ein fallendes Blatt.

Ziel

Jerry Storms: 102 Musikspiele
© Auer Verlag GmbH, Augsburg

Index

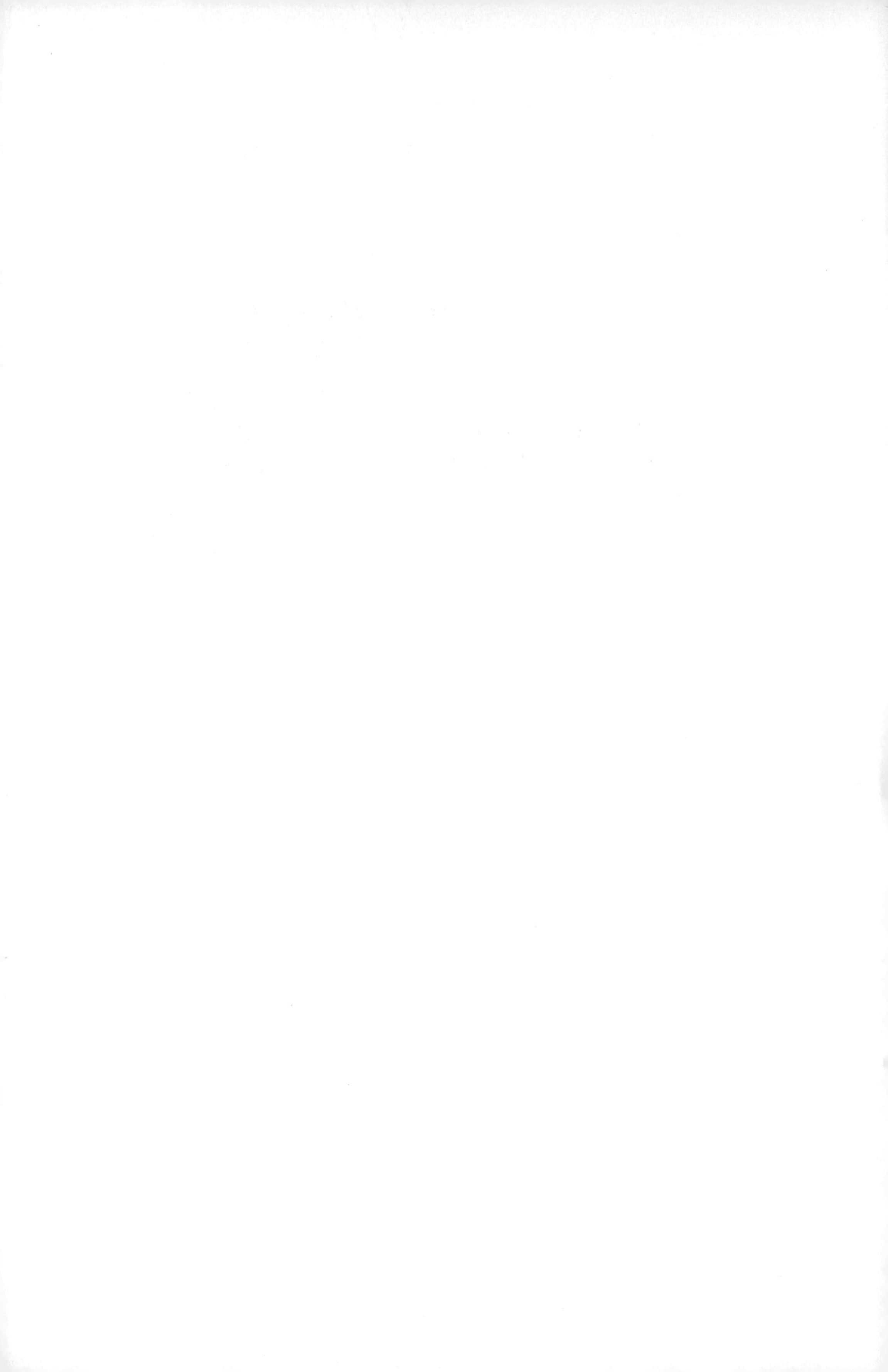